新明正道の社会学

――東北大学文学部社会学研究室の出立《しゅったつ》――

細谷　昂

新明正道先生（1898—1984）

菅野正他編集委員会『社会学研究新明正道先生追悼特別号　新明社会学とその周辺』東北社会学研究会，1985年。

東北社会学会第一回大会参加者（1954年）
（於東北大学，前列右から５人目が新明先生，
左から４人目が教育社会学の竹内利美先生）

東北大学社会学科新入生歓迎ピクニック
（1955年５月14日　於宮城県塩釜君が岡，
後列左から４人目が新明先生，２人目が対馬貞夫先生）

東北大学社会学科新入生歓迎ピクニック
（ピクニック時の新明先生と対馬貞夫先生）

東北大学社会学科新入生歓迎ピクニック
（遊覧船上の参加者）

東北大学社会学科新入生歓迎ピクニック
(1956年4月28日　於宮城県青下水源地)

東北大学社会学科新入生歓迎ピクニック
(参加者の記念写真，最後列左から4人目が新明先生，前から2列目左2人目が家坂和之先生)

東北大学文学部社会学科卒業コンパ
(1957年3月2日　新明先生のカチューシャや教育社会学の竹内利美先生の踊りつき「かれすすき」，「高原の駅よさようなら」，「蛍の光」などが飛び出して，森助手の表現に従えば「神武以来」の盛り上がった「追い出しコンパ」だった)。

はじめに

最近、二人の社会学者が恩師の研究を紹介した著書[1]に接した。二人とも私より若いが、しかしともに勤務していた大学を退職、その後に、自分が学んだ恩師、有賀喜左衛門と内藤莞爾の経歴、思い出を含めその社会学の特質について、それぞれに説いた著作である。大変面白く、勉強になった。それを読んで私も恩師新明正道について書いてみたくなった。まさに触発されたのである。

しかし有賀と内藤とは、ともにどちらかといえば社会調査による実証的な研究の人である。それに対して新明正道は、欧米や日本の先行学説の研究とそれに基づく自らの理論社会学によって、著名になった人である。また、年代も違う。有賀は一八九七（明治三〇）年生まれ、新明は一八九八（明治三一）年生まれだから同世代だが、内藤は、一九一六（大正五）年生まれで一世代とまではいかないが、かなり若い。だから、私には、これら三者の比較という意識はない。まさに触発されただけであり、新明の社会学に即して、私なりに書き綴ってゆくことになろう。

また、新明については、弟子たちが執筆発刊した『新明社会学研究』[2]という刊行物があった。一九九二年創刊の雑誌の形態を持った刊行物だった。今は廃刊になっているが、一九九二年創刊、第一五号（二〇一二年）まで二〇年間続いた。田野崎昭夫と山本鎮雄を中心とする教え子たちの団体「新明社会学研究会」によって刊行されていた。その費用は、教え子たちの寄附によってまかなわれた。この雑誌の記事は、以下の論述の中で随時参照、引用されることになるだろうが、本書自体は、それとは全く別に私（細谷）自身の思いで書いてゆくことにする。また新明社会学に関する著書も多い。とくに田野崎昭夫と山本鎮雄には数冊の編著書がある。いずれもりっぱな研究書である。[3]

このようななかで、いまさら私が新明正道に関する著書を書く意味はないのかもしれない。世にいう「屋上屋」である。しかし、思うに私も、新明の没年八六歳（一九八四年）よりも数を重ねた年齢になってしまって、かつて教えを受けた恩師についてさまざまな思いを持つようになった。そこで私なりの「屋」を設けてみよう。

はじめにお断りしておきたいのは、新明の著作は、戦前から戦後にわたるが、とくに古い時代ののは、旧かなづかい、旧漢字で書かれている。これらは、今日の読者の方にはご理解いただきにくいと思われるので、原則として新かなづかい、当用漢字に書き換えて引用することにする。ご承知頂きたい。また、学術書の慣行に従って、引用原文に先生と記されている場合を除いて、本文では先生などの敬称は略して新明正道と氏名をそのまま記すことが多いと思う。ご諒承頂ければ幸いである。

（1）熊谷苑子『有賀喜左衛門―社会関係における日本的性格』東信堂、二〇一一年。および小谷（三浦）典子『内藤莞爾の社会学―九州大学文学部社会学研究室の窓から―』学文社、二〇二一年。

（2）新明社会学研究会『新明社会学研究』創刊号（一九九二年）～第一五号（二〇一二年）。

（3）山本鎮雄・田野崎昭夫編著『新明社会学の研究―論考と資料―』時潮社、一九九六年。山本鎮雄『時評家　新明正道』時潮社、一九九八年。山本鎮雄『新明正道―綜合社会学の探求―』東信堂、二〇〇〇年。山本鎮雄『新明正道時評集』日本経済評論社、二〇〇七年。

目次

Ⅱ　理論

Ⅲ 時代

I 自伝

第一章　学生時代から社会学への転向まで

青年時代

雑誌『新明社会学研究』第八号と第九号は、新明の「自叙伝」を掲載している。[1] まずここでは、それによって新明の経歴、その時代について、見ておくことにしよう。それによると、新明は、学生時代、社会学者になるとは、「夢にも思っていなかった」とのことである。社会学者の道を歩むのは、「ある意味で偶然」であったという。

続けて新明はいう。「私は大正七（一九一八）年、郷里にある第四高等学校を卒業して、東京大学に入学しました。この当時、私が社会学については何も知っておらず、社会学を研究してみようという気持ちもなかったことは、私が文学部ではなく、法学部への入学を志望したことによっても裏書きされています」。といっても、法学部に入る方針を早くから持っていたわけでもない。官吏をやっていた父が「法学部に入れ」といっていたのを、「素直に受け入れただけ」である。「いくらかでも自主的な判断にあたいするものがあった」とすると、法学部そのものよりは「むしろ政治学科を選んだという点にあった」といってよいであろう。当時東大法学部で吉野作造博士が、「政治史を講義して」いたこと、また『中央公論』誌上で「憲政の本義」を説く論文を発表して「堂々とデモクラシーの論陣を張っておられることを知り、博士に対してほのかな敬慕の念をいだいていた」。

ここで第四高等学校とは、明治時代から昭和戦時期にかけて存在した高等教育機関であり、新明の郷里金沢にあった。一高は東京、二高は仙台、三校は京都にあり、五高は熊本、六高は岡山、七高は鹿児島、八高は名古屋だった。それぞれ旧制帝国大学に入るための予備教育的役割をはたしていた。

大学に入ってから友人に誘われるなどして、吉野作造博士の私宅を訪問したりしていたが、一九一八年に先生が神田で「立ち会い演説会」をするという「事件」が発生したのである。「この年は第一次世界大戦がまさに終わろうとしていた年で、その前年の秋にはロシア革命が勃発していた」。国内では、富山県滑川の漁民の妻たちが米の値下げを要求して米屋を襲ったことが導火線となって、全国的に「米騒動」が起こった。この頃、長谷川如是閑、大山郁夫氏らが寺内内閣反対の気炎を上げていた朝日新聞に対して黒竜会や浪人会等の連中が社長に暴行を加えるという事件が発生したりもした。この浪人会の連中が吉野博士に立会演説会を申し込んで、博士はそれを受けたのである。新明たちは事態を危惧して、状況の推移を見守っていたが、やがて博士の冷静な論理が勝ちを制して、「先生を擁して勝利感にみたされながら、途中まで見送って行ったことを記憶している」。

新人会

「この事件を一つのきっかけとして、学内には……積極的にデモクラシーの旗印のもとで団体を結成」し、外部の反動勢力に「対抗しようという気運が急速にもりあがって」来て、「東大内には新人会が創立されるにいた」った。新明も友人に誘われて新人会に入会したが、それとは「反対側」の立場の「興国同志会」も結成され、新明はそれにも友人に誘われたが断った。

それからやがて新明は新人会の「本部に入って、もっと積極的に会の活動に関与してほしいという要望があって、新人会の本部に入る」ことにした。この頃新人会は、機関誌として『デモクラシー』（一九一九年三月創刊）という月刊誌を出していたので、「そのための原稿の執筆と編集」にたずさわり、さらに「学外の講演会の準備、労働組合の講習会などへの講師派遣、他の思想団体との連絡など」の仕事を行っていた。

新明はこの後も新人会の仕事を続けていたが、会員も四、五十人に増加し、早大の「建設者同盟」など「他の大学にも学生の思想団体が簇生」するようになっていった。「私は……機関誌『先駆』（『デモクラシー』改題、後さらに『同胞』、『ナロウド』と改題）の編集にあたり、他方学内や学外の種々の集会に顔をだし、かなり忙しい日々を送ったものであります」。

一九二〇（大正九）年の一二月には「社会主義者同盟が結成」されたが、これは「成立と同時に解散させられ」た。間もなく「第二回目に同盟が設立された時には……私が出席し、その委員になりました」が、「これも即刻解散になりました」。

「私も人並みに三ヶ年在学しましたものの、こんな風で二年の一学期以後は新人会の本部に入って活動することになりましたので、打ち明けていいますと、大学へ出掛けるのは学内集会のある場合くらいのものでして、おのずから大学の講義は大方はご無沙汰することになり、試験の時はプリントの厄介になってケリをつけるのがならわしになってしまいました」。……ただ「吉野先生が新人会の世話をして下さっていた関係もあり……先生の講義だけは努めて聴講し、個人的に終始種々と指導して頂いたものであります」。そんなことで、「私自身はのん気なせいもあり、卒業間近かの三月になっても会の仕事ばかりやっていて、一向に就職口をさがそうとしなかったものです」。

関西学院に就職、社会学の講義担当

これを見かねて先輩が、「君も就職口を探してみてはどうか」というので、大原社会問題研究所入りを志願したが、これは、他にもう一人志望者があってうまくゆかず、知人の紹介で「神戸の関西学院で政治学の講師の口がある」ということで、「学院から文学部長をやっていたウッズワースさんが上京してきて私と面談し、これで学院の就職口はきまりましたが、……ところがそのうち学院の方から手紙が来て、一おう非常勤でお願いしたが、出来たら専任になってほしいとのこと」で「結局私は、関西学院に就職することに決定したものであります」。そして「はじめは政治学の講義をするだけの約束でしたが、なおこのほかに社会学の講義も担当してもらいたいと言う注文が付け加わるようになりました。これには私もはたと当惑したものです。……社会学になると、大体法学部に入学している点からいっても、何らまともな勉強をやっているわけでなく、全然無知であるといってもさしつかいない有様です」。

「私も入学当初には、社会学の講義が選択科目の中に入っていたので、一回だけテストのため建部遯吾博士の講義を聴講したことがあります」。……友人に「これで果たして社会学の講義が出来るだろうか」と聞いたら、「社会問題をやっている君なら、なんとかやっていけるよ」といって、はなむけとしてスペンサーの『社会学原理』三巻の原書をわざわざ丸善から取り寄せ贈ってくれました。この原書はいまだに私の座右にあり、愛蔵書の一つとなっていますが、私が本格的な社会学書を手にしたのは全くこれが最初であります。したがって、私が社会学を研究するようになったのはまず卒業してから期せずして教師となったこと、さらに教師として政治学とともに社会学も講義しなければならなくなったことから由来しているわけでして、……教師となったことは偶然ですが、社会学を研究するようになったのはそれ以上にもっと偶然であったといってよいのであります」。

社会学への転向

この後関西学院に教師として勤めることになるが、その始めの日、石川三四郎を金沢に案内するなどしたところ、神戸の学校に刑事が来て石川の動向を聞きただすなどの出来事があったが、「学院におちついてみると、初めて教鞭をとる私がひそかに案じていたほどのこともなく、学院の空気はいたって明瞭でして、……学院の当局は別に私に対して迷惑そうな顔もせず、学生はといえばむしろ型破りの先生が来たといって喜び興じている有様です。……私学のよさはおよそこんなところにありますが、私学の中でも当時の関西学院はカナダとアメリカのメソジスト教会が財政的に援助しているミッション・カレッジでして、……宗教的な独特の雰囲気はありましたが、……むしろ進歩的であったといってよかったものです」。ここで石川三四郎とは、『万朝報《よろずちょうほう》』という新聞の記者だったが、社会運動家で、思想的には社会主義者、アナーキストとされている。そのため、その動向を刑事が探索して回っていたのであろう。

「もっとも当時の関西学院には……文学部は誕生してから数年しかたっておらず、……社会学科はこれまでのところ専任の教授はただ一人という貧弱さ、……大正八年から学院当局は当時広島高等師範学校におられた高田保馬博士を講師としてまねいていましたが、博士も一〇年に辞任されましたので、そのオハチがわたしにまわって来たことになっています」。

ここで新明は、当時の関西学院の学生の雰囲気について述べて、「しかし学生が学業に対して一般的に熱心であっただけ、教師としての私としてはますます勉強する必要があったわけでして、とにかく最初の一年間は大いに緊張して研究をつづけ、やっと学問をやるということがどんなことであるかについて、われながら一通りの理解をもつことができるところまでこぎつけたのであります」。

「私は関西学院には五カ年在職しましたが、最初の一カ年は一から政治学の講義を中心としてその準備に最大の努力を傾け、社会学の講義の方は今日でいうと政治社会学的な問題を取りあげて、いわば政治学の講義のアクセサリーみたいなものをやることにいたしました」。……しかし「二つの兎を追うよりは、どれか一つに主力を集中」しようと、「政治学ではグムプロヴィッチ、ラッツェンホーファー、オッペンハイマーなどの政治学的著作を土台とし、これにマルクス主義の諸見解を織り込んで、社会学的色彩の強い講義ノートを作り上げたものです。この頃神戸の元町の近くに店を開いていた福本書院に注文すると、すぐ本を取り寄せてくれましたので、学院に行ってから一、二年のうちに私は一とおりこれらの学者の主な著作に目を通し……促成的ながらある程度学問的な知識を身につけたような気持をもつようになったものであります」。

高田保馬博士

高田保馬博士の『社会学概論』を読んで、関西学院商学部の雑誌にコメントの論文を書いたところ雑誌を頂戴したいという「丁重な手紙」をいただき、早速お届けしたところ礼状を頂戴して、「今後本格的に社会学を勉強しなければならないと痛感」した。「私が社会学の研究に一段と熱を入れて、これまで以上に社会学書を渉猟するようになったのは、一つはこの高田博士との出会いに因るところが大きかったといってよく、大正一三年以後になりますと、私の書きものには社会学関係のものが次第に多く成ってきたのであります」。ここで高田保馬とは、『新社会学辞典』によると、「社会学者、経済学者。京都帝国大学文科大学を卒業」。……「若くして大著『社会学原理（一九一九）』を著し、そこにおいてすでにギディングスやジンメルの影響のもとに、綜合社会学の立場を批判し、特殊科学としての社会学の立場を示した」とある。(2)

そのころの新明の著作としては、『権力と社会』(3)があるが、「私はこの書の中で権力を社会における強制の一つの発展として受け取り、その社会に対して有する機能や価値を考察し、進んでその歴史的な発展の様相を解明しようと試みたもの」だった。……「もちろんこの間、私が全く政治学の方面を閑却してしまったわけでないことは、大正一三年の『レーニンの国家論』（『社会思想』第三巻一〇号）、『社会運動の定型』（同上、第三巻七号）、『定型論再説』（同上、第三巻一〇号）……の諸論文を書いていることでも分かります。しかし全体から見ると、やはり社会学の論文が量的に多くなってきています」。「当時私が社会学の領域で興味をもっていた主題の一つは群衆でし」た。……「群衆の問題に関心をもつようになったのは大正一二年の夏の関東大震災の際に朝鮮人暴動の流言飛語がとんで、方々で朝鮮人をやっつける事件が続発してからのことであります。……私自身は……これを真実として受け取っていたものでした」。……「後になって事態の真相が判明してから、私は自分の軽信さを大いに反省させられたのですが、……もっと群衆について学問的に研究してみようという気持ちになり」、ル・

ボンの『群集心理学』やフロイトの書物を読んでみました。

形式社会学の興隆

「しかし、この当時もっとも精力を集中したものは、形式社会学の研究であったといってよいでしょう。形式社会学は……一八九四年にドイツのジンメルによってはじめて提唱された新型の社会学でした。……第一次大戦が終わってドイツにワイマール共和国が建設せられ、自由主義が謳歌されるようになってから、彼の社会学は改めてドイツの社会学者によって再認識されるようになり、事実上、戦後のドイツ社会学の主流は彼の提示した形式社会学の方針を採用し、ドイツ社会学の黄金時代を現出するにいたったものであります」。その後、「指導的社会学者としては、フィーアカント、フォン・ウィーゼが指導的立場に立ったが、日本でも高田博士をはじめ多くの社会学者が形式社会学を支持するようになった。……私も形式社会学を研究する必要を痛感し」、これらの人々の研究を「片っ端しから読破するとともに、その成果をどしどし論文として発表して行ったものです」。

「社会関係論について」(『社会政策時報』第六二号)を発表したときは、高田博士から手紙がとどき、「立派な論文で参考になったという賛辞を頂きましたが、これがますます形式社会学に対する私の傾斜を強めたのは事実」である。「私は大正一三年、おそくとも一四年にはもう政治学者というよりは社会学者になっていたと見てよいわけですが、それも単なる社会学者ではなく、形式社会学を方針とした社会学者になっていたのであります」。

「私が東大にいたころ関係していた新人会」は、その後、「在学生だけの団体に切りかえられましたので、かつて新人会に属していた仲間のなかで学究的な連中は大正一一年の春から別の思想団体『社会思想社』を結成することになりました」。……「この団体は、昭和七、八年頃まで継続し、毎月機関誌として『社会思想』を発行するとともに、時々講演会を開催したもの」でした。

ところが当時、かつての新人会のメンバーから「一書をもらいましたがそれには私が社会主義に対する学問的関心を失ってきているのではないかということと、この際もっと積極的に私が唯物史観の研究を進める必要があ」る、などということが書いてあった。……「私はこの手紙をもらって実はむしろ反発を感じたものです。後で考えると、私自身熱心さの余とはいえ、いささか形式社会学に没頭しすぎていたわけですが、だからといって私は何ら社会問題や社会主義に対する関心を失ってしまったわけではありません。……私自身としては別に唯物史観を全くなげすてたわけではなく、ただこれを信条的に信奉する態度には出ていないだけのことであります」。

（1）新明正道「自叙伝―その1―」『新明社会学研究』第八号、二〇〇三年一二月。および、新明正道「自叙伝―その2―」『新明社会学研究』第九号、二〇〇四年一二月。この「自叙伝―その1―」の末尾に記されている「編者あとがき」（山本鎮雄）によると、この「自叙伝」は、一九六一年の東北大学停年退職後に執筆されたと推定されるもので、長女のご厚意で草稿を借用したものという。優に三〇〇枚を越えるもので、「です」、「ます」調で書かれているところからみて、編者によって、大学の講義を想定して執筆されたものかと附記されている。

（2）森岡清美・塩原勉・本間康平（編集代表）『新社会学辞典』有斐閣、一九九三年。「高田保馬」の項（居安正執筆）。

（3）新明正道『権力と社会』内外出版株式会社、一九二四年。

第二章　杜の都への転出とドイツ留学

東北大学に転出

新明の自叙伝の続き。「私はこんな風に大正時代の終わりころになるにつれて、自分でも多少意識して社会学を自分の専攻領域と考えるように成っていましたが、学院での生活は格別変わりはなく、……愉快な日々を送っていましたが、大正一四年になってちょっと学院生活にいや気のさす事件が発生いたしました」。それは、「この年たまたま学生大会で教師の排撃が決議され」、……その対象になった一人が、新明が採用を仲介した人だったがその人は特に問題のある人ではなかったので、「すごく憤慨して……東京の私学でもいいから口があったらかわりたい」と吉野先生に申し送ったのであります。

そこでいろいろの大学に当たってみたが「格好な口はない」という返事が届きました。そのうちに別の友人から、仙台の東北大学で「社会学の講座新設につき貴下をその候補者として選考」したいがどうかという意味の電報をもらいました。これも「後で吉野先生の指令であることが分かりました」

が、……「家内とも相談してから結局、承諾の返事を打つことにいたしました」。……「それから半年を経て、私は東北大学に転出することになり、五ヶ年間親しんできた関西学院におわかれすることになったのであります」。

なお、ここに引用する新明の自叙伝では、「東北大学」と記されているが、正式には「東北帝国大学」だったはずである。戦後の教育制度の改変によって、東北大学となったものである。同様に東京大学は東京帝国大学、京都大学は京都帝国大学だった。

家宅捜索

「私が東北大学に赴任すべく神戸を去って仙台に向かったのは、大正一五(一九二六)年の四月も終わりに迫り、そろそろ若葉が風に薫るころのことでした」。……「東北大学からの招聘は一四年の夏私の元に来ており、私自身これを承諾」していたのであるが、ところが「一五年になってから内申は文部省に行っているが、どうしたものか文部省が発令をちゅうちょしているので、法文学部も困っているという話が私の耳に伝わってきました。文部省では、私を注意人物としてマークしていたらしく、……これを阻止しようと考えていたようであります」。

「日本では大正一二(一九二三)年ころから全国的に無産政党を樹立しようとする動きが出てきまして、大正一三年には、無産政党の樹立を目的とした政治研究会という団体が創立せられました」が、私も神戸でこの団体の「会合に顔をだしたものであります」。その頃の「この団体の色彩」は社会民主主義的であったのが、「だんだんこれは左傾化し、事実上共産党の制圧化に置かれるようになりましたので、結局私たちは研究会の運動から手を引くことにいたしました。……ところが一四年の秋ころ」かと思いますが、……「京都大学内の社会科学研究会から……河上（丈太郎）さんと私とに京大に来て話をしてくれという依頼状が届きました。……私は河上さんと話し合ってからこの招待を受け入れ」、京都に行って、学生諸君と話をして帰りました。ところが、「一二月一日だったかとおもいますが、突然私の……住宅は家宅捜索を受けました。聞いてみると、河上さんも……同じように家宅捜索を受けているのです。……警察はどうしたものか、一五年の一月になってから、京大学生を大量的に検挙し、いわゆる京大（学連）事件の発生を見たのであります」。……「学生運動は、この時を境として弾圧をこうむり、やがて全国の学生運動は息の根をとめられてしまうのですが、……私自身はこれが自分の身の上にふりかかる火の粉になろうとは夢にも思わず、いたってのん気にかまえて来ましたが、文部省が発令を渋っているという話を聞いたときに、はたと思いあたったのはこの一連の出来事であります」。

「杜の学都へ」

さて、そこで仙台だが「広瀬川畔の……借家におもむく途中、私は人力車の上から青い煙がはいまわっている夕闇のなかに海棠の花がうす桃色に咲いているのを見て、静かな都会の印象を受けました」。

……私の新居は「場所が広瀬川畔にあるので、二階の窓をあけると、はるか上流のあたりに泉ヶ岳の姿が望まれ、その手前には重なりあった丘があり、眼の届くかぎりはすべて緑の一色です。さすがに仙台は森の都といわれるだけのことはあると思いました」。

「東北大学に法文学部の出来たのは私の行く三年前のことで、九大のそれと同じように文科、法科、経済科を打って一丸とし、この範囲において綜合的な教育を施し、教養の豊かな人間を育成するというのが、その設立の根本趣旨だったようであります。……東北大学文学部には、阿部次郎、小宮豊隆、児島喜久雄の諸氏をはじめとして、学者として名の売れた人材が集まっており、正直にいって私はこうした立派な学府の片隅の一員になることに大きな誇りを感じていたといってよいでしょう」。

「……はじめ学部では社会学講座が出来た当座、ドイツの哲学者ならびに社会学者として令名のあったシェーラー教授を招聘しようとし、一時シェーラー教授も承諾する気配を示したとのことです。ところが急にシェーラー教授がオッペンハイマー教授の後釜としてフランクフルト大学の教授に招聘されることになったので、この話は流れてしまい、さしあたって担当者がきまるまで宗教学の鈴木宗忠教授が社会学講座を兼担し、学生の世話もされていたようです」。

「私が仙台に行ったのは二十八歳の春、すでに関西学院で五ヵ年も教鞭をとって来ましたので、教師としての度胸は少しは出来ていたはずですが、向こうでは若いくせにはじめから教授の名前をもらっていたのに、こちらでは助教授として再出発することになります。……当時、私を最新来者として、助教授に中川善之助君、長谷田泰三君、宇野弘蔵君、大脇義一君などがいたものですが、私が着任してから宇野君がやってきて、これまで助教授も教授会に出席しており、その権利はあるのだが、最近は通知が来なくなった……」といって、助教授の会を作ることになりました。この会には、「留学中だった中川君以外すべての助教授が参集しましたが、いざ決議をもって学部長のところへ行く段になると、大方の助教授は逃げ腰なので、結局宇野君と私が学部長に面会をすることになりました……」。

大正時代

「そのうちに大正天皇が崩御で年号も昭和と改元されました……私の俸給は一七五円程度だったはずですが、弟の入院で……当時の私にとってはかなりの重荷だったものです。……ただ経済的に金が必要となって来たわりには、神戸にいたときよりも急に書店や雑誌社から単行本刊行や論文執筆の注文が多くなりましたので、片端からこれを引き受けてともかく一時をしのぐことは出来ました」。

学問的な面では、「私は東北大学へ行ってからは社会学だけに専念することが可能になり、しかも最初の間は特殊講義と外国書購読《ママ》をやるだけでよいことになっていましたから、時間的にはかなりよゆうがあり、一おうかねてやろうと思っていた研究はやりとげることができました。当時は、社会学を専攻する学生が二人しかおらず、淋しいといえば淋しかったわけですが、学部が法文システムなので私の特殊講義には経済や法律をやる学生も聴講しており、その数は二〇〇名を越えていました」。

これらの学生に私（新明）は形式社会学について講義して、昭和三年には巌松堂から『形式社会学論』[1]を出版することができました。このころ形式社会学の研究者は多く、高田保馬をはじめ、杉山栄、林恵海、井森陸平などの人々が、著書論文を発表していました。私もこれらの人々の後を追って形式社会学の勉強を行いましたが、その際「さいわいにも東北大学図書館には、……ドイツのインフレ時代に買いこまれた哲学書類がかなり豊富に入っていましたので、ジンメル自身や彼に関する文献を参照するのには大きな便宜を与えられたものです」。この後、新明の形式社会学に対する見解が披露されているが、ここでは省略しておこう。

共産党員の大量検挙、大学へも文部省権力の干渉

昭和三（一九二八）年、普選第一回、「この年三月一五日になると、全国的に共産党員の大量検挙が行われました。そしてこれにつづいて京大の社会科学研究会員が検挙されたのが一つのきっかけとなって、同大学経済学部教授の河上肇博士が実質的には文部省の要請で辞職されるという事件が発生いたしました」。その後間もなく、「文部省で九大と東北大の学長にも好ましからぬ教官の首切りを婉曲に要請しているといううわさが伝わってきたのであります」。

「そのうちに九大では……学長が若干の法文学部教授に辞職を要望するにいたり、うわさがまんざら

うわさでもないことが証明されましたが、東北大学では学長からだれに対しても何の示唆も与えられることなく、何時とはなしにこの問題は消えさってしまったのであります。……東北大学では学長が学長として独自の信念をもっていて、簡単に文部省の意向にしたがって動こうとしなかったのが、さいわいにして東北大学が安泰でありえた原因ではなかったかと想像されます。……しかし後から思いますと、このとき文部大臣から好ましからぬ教官として学長に伝達された教授の名前のなかにはたしかに私も含まれていたようです[2]。……といいますのは、昭和四年の終わりに外国に留学する順位が私にまわってきて、学部からもその発令を文部省に申請したのですが、その手続きがばかにおくれ、私の次の順位の人が発令されるときまで、ついに発令を見なかったからであります」。この間私は、「寸暇をおしむくらいに研究に打ちこんで来たつもりでした」。

ドイツ留学

私は、留学先として、ドイツ、フランス、そしてアメリカを考えていました。ヨーロッパには、大連から汽車に乗り、ソ連経由で行きました。「革命が成功してからまだあまり年の経っていないソ連の実情をほんのわずかながらかい間見る貴重な経験を得たものであります。……大抵の駅には町の影が見えないにもかかわらず、きまって二、三十人の市民が集まっており、そのなかには明らかに乞食と見えるやせ衰えた老人もまじっていたものです。……無断で汽車に乗って歩く浮浪青少年……」。

「当時のドイツはインフレもおさまって、経済的には正常な状態に復旧していましたものの、西方ライン川沿岸にはまだ英米仏の占領軍が駐屯しており」ました。しかし「戦後ワイマール憲法のもとで市民の自由が大幅に保障されたせいか、市民、とりわけ若い世代の人々の顔には明るいはつらつとした気分がただよっていて、街頭で共産党のデモが堂々と、しかも和気あいあいと行われているところなど、ちょっと日本では想像もつかないことでした」。

フィーアカントの指導

ベルリンでは、フィーアカント教授の指導を受けました。だんだんに「講義の大要はわかるようになりました」が、しかし「あまり聞きよいものではありませんでした。……教授の本講義には五〇名ほどの聴講生があり」ましたが、その内容は予想したほど面白いものではなく、「私にとっては……ニーチェ……を主題にした演習の方がもっと興味を引きました。……演習には、二、三名のドクターのほかに一〇名ばかりの学生が参加していました」が、このドクターたちも含めて、その発言は「予想した以上に平凡な発言ばかり」でした。

「こういう有様でしたから、……一学期が終わってからはそれまでの熱意を失ってしまったかたちでして、……私はフィーアカント教授の私宅を訪問して直接その示唆を受けることが多くなりました。……教授は、『ドイツの若い社会学者のなかで今後有望と思われる人はだれですか』と私がたずねたのに対して、少し思案をしてから『やはりフランクフルトのマンハイムだろう』と答えられました」。それからベルリンで半年ほど、続いてケルン大学のフォン・ウィーゼ教授との面会、さらにキールに行ってテンニエス教授との面会などの記述が続く。

ナチズムの進出

この頃、ドイツでは次第に右翼、とくに「ヒットラーの率いる民族社会党（国民社会主義ドイツ労働者党―ナチ党）」の勢力が強くなってきていた。「そのいきおいは共産党や社会民主党をしのごうとするものがあったのでした。ドイツにやがてヒットラーの独裁をもたらすファッショ《ママ》ズムの嵐はすでに吹き出していたのです」。……ところが、「これまで親しんできたドイツの社会学者がこの状況に対してあまりにも無関心であるのがややあきたりなくなって来ました。フィーアカント教授やフォン・ウィーゼ教授の社会学はジンメルの形式社会学の発展として特に基礎的な社会関係の分析においては見るべきものがありますものの、社会の全体像の把握には第二義的にしか関心が寄せられておらず、現代社会の問題については何等その解決を示唆するものが発見されないのです」。

マンハイムとコルシュ

「しかしこのなかにあって私は私の要望を満たすに足るものをマンハイムの著作に見出すことが出来

ました。……その結果、事実上私のベルリンにおける後期の研究は知識社会学を中心題目としたものに成って来たのであります」そして、「なじみの書店から、マルクス主義の文献を買いつけて、改めてまたマルクス主義、特にその唯物史観の研究にも着手したものであります」。また「マルクス主義理論家として知られているコルシュ氏にはわざわざこちらから依頼して唯物史観の講義をしてもらいました」。その講義には、「四、五人の日本人が参加し、講義によって得るところがかなり大きかったと思います」。ここでコルシュとは、当時のドイツのマルクス主義者であるが、『現代マルクス＝レーニン主義事典』(3)によると、ドイツ共産党内の非主流派指導者で、党内でソ連に対して批判的な立場に立ち、ソ連の政策を「赤色帝国主義」と批判したという。新明が、マンハイムを通じて「マルクス主義」への関心を呼び覚まされたということ、そしてコルシュの教えを求めたということは、新明がいわゆる正統派共産主義あるいはマルクス主義の主流的思想とは距離を置いていた、と理解してよいと思う。

形式社会学への不満

「パリには私が(昭和)六年の一月から三月まで滞在しましたが、その間私は旅人として、……社会学者としてはブーグレ教授に連絡して一度会ったきりです。ナポリから郵船香取丸に乗って帰国の途につきましたが、船上で留学中の学問的研究を自分で総決算してみますと、アメリカにはついにゆかずじまいになり、フランスやイギリスの社会学についてはほとんど何も新知識を身につけず、結局ドイツの社会学について若干の見聞にもとづいた知識を得たにとどまっており、約二ヶ年にわたる留学の成果としてはあまり自慢は出来ないように感じました」。

「しかし私はそれにもかかわらずこの留学のあいだに自分の社会学に対する考え方にかなり大きな変化が生じていることに気づきました。私は留学に出発する前までは形式社会学の研究にほとんど全精力を傾け、事実上これを根幹として自分の社会学の考え方をまとめようとしていましたが、留学中一面私はフィーアカント教授やフォン・ウィーゼ教授と接触してその教えは受けましたものの、次第にいわゆる形式社会学をモデルにした社会学にはあき足らなさを感ずるように成って来ました」。

「社会を形式と内容とに区分し、形式に主体性を与え、これとあわせて内容を考察しようとするかぎり、内容の考察は第二義的に従属化される結果となり、これをも含めた社会の全体認識を達成することは不可能となります。私は、……形式と内容とを全一的なものとして設定し、これを出発点とすることによって形式と内容、あるいは集団と文化を同一のウエイトをもって認識の対象とする立場を樹立することが必要であり、この意味において綜合社会学の立場を新たにもっと積極的に基礎付けてゆくことが肝要ではないかと考えるようになって来ました」。

唯物史観への関心

「しかし私はこれとは別に、さらに私の考え方に影響を及ぼしたものとして留学中に改めて読み返したマルクス主義的文献をも指摘しておいてもよいと思います。……私がいかに当時マルクス主義に熱をあげていたかということは、インド洋をまわって帰国する船のなかで主に唯物史観に関する書物を読みふけっていたということによっても容易に想像することが出来るのであります」。この最末尾に記されている「マルクス主義に熱を上げ」ていて「唯物史観に関する書物を読みふけっていた」という思い出は、まことに興味がもたれるが、いったい誰の文献であろうか。「唯物史観に関する書物」とあるからには、マルクス自身の文献ではないだろう。右に語られていたコルシュであろうか。

(1) 新明正道『形式社会学論』巌松堂書店、一九二八年。
(2) 当時の東北大学法文学部には東大出身者が多く、新明が新人会で活躍したことは知られていたであろうが、採用に当たって、新明の思想と行動がどのように受け入れられたのかは、分からない。
(3) 岡崎次郎(編集代表)『現代マルクス＝レーニン主義事典』社会思想社、一九八〇年。

II 理論

第三章　『社会学の基礎問題』

新明正道の主著

新明の社会学理論の主著は、『社会学の基礎問題』(1)（初版昭和一四年）と、『社会本質論』(2)（初版昭和一七年）であろう。ドイツ留学後の著作である。これら両著を書棚から取り出してページを開いてみると、前者、つまり『基礎問題』の最後のページには、私の筆で「一九五五　第一回読了　五六　一・二一第二回読了」と、小さく鉛筆で書いてある。また後者、つまり『本質論』の最後のページには、やはり私の小さい鉛筆書きで、「一九五四　第一回読了　一九五五　三・一六　第二回読了　一九五六一・一三　第三回読了　一九五七　三・一二　第四回読了」と書いてある。

私が東北大学に入ったのは、一九五三（昭和二八）年だから、この新明先生の著作『社会本質論』を初めて読んだのは、二年生の時である。どうやらすぐ続けて『基礎問題』も読んだらしい。その後も、この両著を交互に読んでいる。同じ高校卒の同期生から、文学部には「新明先生という偉い先生がいるらしいぞ」と話を聞いて、社会学に進学志望を決めたその直後のことである。

当時は全国の大学は類似の制度になっていたと思うが、東北大学の場合、新制大学になって合併した旧制二高が教養部になっていて、入学後の二年間はそこで教養課程として学び、そこを終わってから旧制帝大だった東北大学の各学部に進学するのだった。教養部時代は、なにか楽しくて遊んでばかりいたような記憶だが、こうして見ると、ちゃんと勉強していたらしい。右の書き込みで見ると、大学入学の翌年、新明先生の社会学に進学を決心してから卒業するまでの三年間に、指導教授の主著を二回と四回、合計六回、読んでいるのである。まんざら遊んでばかりいたのでもないようである。

社会学の根本的立場

この『社会学の基礎問題』（第五版）序言で新明は、次のように「私の社会学に対する根本的立場」を「闡明《せんめい》」つまり明らかにしている。すなわち「私の立場は形式社会学的方針とは反対に社会を広義的に把握しその全相を綜合的に認識することを社会学本来の課題とみなすとともに、普遍化ならびに個別化の両方法を肯定し、組織的には、社会学のなかに一般社会学と歴史社会学との両部門を設定しようとするにあり、私が社会の本質を規定するにあたって行為関連の概念を採用したのも、社会を行為的意味に即すると同時に結合的関係ないし集団において成立するものと決定しこれによって社会を総合的に認識するそもそもの出発点を確立しようと期したところから由来したものであった」。

この序言の言葉は、まことに難しい。初版の刊行は昭和一四（一九三九）年だから、太平洋戦争開始より前、時代の反映といえよう。言葉を解きほぐしながら、新明社会学の大筋を学んでゆくことにしよう。

「綜合社会学」の提唱

そこでまず、この本の目次を見ると、第一章は「社会認識の二途」として、社会学と社会哲学の区別を論じている。次に見るように新明は、「綜合社会学」として、特殊テーマの社会学ではなく、社会の「綜合認識」をテーマに掲げるので、それでは哲学とどう違うのかが問題になるわけである。

新明によると、「社会学は科学的に社会の全体認識を目的とするものである」という。この時代、初期社会学のオーギュスト・コント等の「百科全書派」社会学に反対して、ゲオルク・ジンメル等の「形式社会学」が有力であった。かれによれば、社会は「個人間の心的相互作用」として形成され、その人々の相互作用を生み出すのは衝動、関心、本能などであるが、これらは社会の「内容」となって、既存のさまざまな社会諸科学の対象になっている。しかし、これら「内容」によって生み出される相互作用の様式は、抽象化が可能な領域であり、「社会化の諸形式」の領域である。例えば、上位と下位、競争、模倣、分業、党派形成、代表などである。ジンメルはこのような「人間相互の関係形式」に関する科学が社会学であると主張したのである。[3] それに対して新明は、「内容」と「形式」を分離させるのではなく、それらを共に含む「綜合社会学」を主張した。

一般社会学と歴史社会学

このように「綜合社会学」を主張した新明は、次の第二章において、「社会学の組織問題」を取り上げる。そこで問題とされるのは、やはり形式社会学を否定する「文化社会学」であり、また「一般社会学」と「歴史社会学」の区別である。

文化社会学の代表者として取り上げられているのは、アルフレッド・ウェーバーである。新明によると、アルフレッド・ウェーバーは、「社会構造、文明過程、文化運動の三部門的なトリオロジー」を提案して、その一部門として「文化社会学」が置かれている。そこでは、文化と社会とは連結されるものと考えられているが、しかし「かくの如く連結された社会と文化が如何なる固有の実在性を有するものであるかを考えてみると、両者の区分が困難なものであり、それが擬制的な構成にすぎないことが判明するのである」。

そこでこのような区別をやめて、「社会の全体的な組織」を考えてみると、「社会は唯一様に意味的な行為関連として現れるだけ」である。そのように考えてみて、問題になりうるのは、かつてコントが唱えた、「動学」と「静学」の区別である。そこから新明は、「社会学の組織において、部門的な構成として考えられるのは、一般社会学と歴史社会学である」とする。ただここで、歴史学においては個別的な歴史事象の認識に従事する「個別化的認識」が行われているわけであるが、しかし「個別化的な方法に立脚する場合にも歴史的全体の体系的な把握が究極的に要請されつつあるのである」。つまり具体的な歴史的事実の一つ一つについて認識をするのが歴史学であるが、しかしその背後に歴史の全体を捕える歴史観が確立していないと、個別的な歴史事象の認識も出来ないことが明らかになっている、というのである。こうして新明は、「我々の目的とするところは社会の全体的認識にあるのであって、その獲得のためには普遍化的および個別化的認識が相互的に補完的な意義をもつものである」という。

社会認識と自然認識

それでは社会学的認識はどのようにして達成されるのだろうか。続く第三章は、「社会学的概念構成」である。

ここで新明は、自然認識と社会認識とを区別して、「自然は……我々にとって外部的なものである」が、社会に対しては「内部的な認識を可能とされている」という。この「社会を対象として我々の用い得る特有な認識の方法は理解的方法と称されているものである。我々は自然を単に外部的な経過において捕え、その生成については唯如何にそれが生じたかということを説明できるだけである。そこには唯『如何にして』が認識されるにとどまっている。しかし我々は社会についてはその生成を外部的な経過において捕えるだけでなく、更にその何故に生じたかということを追求しこれを確認することができる。社会の認識は社会の生成を『如何にして』を越えて『何故に』まで遡って、内部から闡《せん》明《めい》するものである。理解はこの意味において内部からの動機的な把握であるといわなくてはならないのである」。このように「理解的である」ということ、「これこそ社会の認識にとって最も本質的な意味をもつものと認めてよいもの」なのである。

意味理解と社会調査

この人間の行為の「内部からの動機的把握」、言い換えれば「意味の理解」とは、実は今日でも社会学的認識のキーポイントであり、「社会調査」による社会認識においてもそうなのである。新明自身はとくに社会調査の方法について述べたのではなかったが、社会学の一般理論としてはこの「行為の意味理解」をもって、社会学的認識の基本と述べているのであり、その意味では、新明社会学は社会調査にとっても基礎理論を提供していた、ということができよう。

私はかつて、日本村落研究学会の研究会報告で、事例調査あるいはモノグラフ調査の特性として、「何故、如何にして、このような姿になり、他のようにはならなかったのか、という因果連関を、多面的、重層的に追求する」ところにあるとして、そこには「ある種の普遍性、いわば意味的普遍性をもつといえる」と主張したことがある。(4) このように述べた時、私は、マックス・ウェーバーの「理解」概念とともに、新明の「何故、如何にして」という右の言葉を引用している。しかし、その際に私がこの言葉を新明の「基礎問題」から取り入れて使ったわけではない。あくまで、私が農村調査のなかで身につけた調査方法の表現だったのである。

それにもかかわらず、私が農村社会学の調査方法について語った右の言葉は、「社会の生成を『如何にして』を越えて『何故に』まで遡って」という新明の言葉と、ほとんどそっくりではないか。新明の主張は、社会調査の方法についてではなく、もっと一般的な、社会学的認識について述べているのだが、私が社会調査の方法として述べたことは、まさに新明のいう意味理解の方法そのままということができる。

ただ、新明は社会認識においては「『如何にして』を越えて『何故に』まで遡って」と書いているが、念のために附記するなら、自然については「如何にして」を認識するに「とどまる」と書いている。つまりここでいわれている「如何にして」は、自然認識を念頭に語られているのである。しかし人間社会に関する社会調査では「何故に」だけでなく「如何にして」も重要課題であり、それも意味理解である。そして、実際の調査ではむしろこの「如何にして」の方が容易でないことが少なくない。例えば、日本農村においてトラクター導入が始まっていた時期のこと、トラクターは高価なので村の人々で共同で購入することを考える。これは、「何故に」であるが、まことに当然で理解しやすい。しかし、その共同を村の話し合いで合意することは必ずしも容易ではない。「如何にして」合意に達するか、そこに村の指導者たちの工夫がある。家ごとの経営規模あるいは所得の大小に比例して費用を出し合うことで合意にこぎつけることなどがよく行われた。

続けて新明は、「行為は表現であるとともに、その半面において受容である。そしてこの受容面においても亦他の理解を予想しているのである。両者の対応によって行為が成立するものとすると、人間は行為において表現的に他と関連しつつ、受容的に他を理解するものであるといえる。この意味において人間の行為は即ち理解である。我々は行為の構造そのものにおいてすでに表現と理解の対応が存しているものと考えなければならぬ」と述べている。この言葉を、新明はディルタイとリットの言葉を引用しながら説明している。ここは、それでも私にはまことに難しい理解しにくい思想だった。

しかし、今述べた社会調査における面接状況、質問と応答の状況を例にとってみると、まことにその通りといわなければならないだろう。つまり、調査者が対象者に質問する、その質問を理解して、対象者は応答する、そうすると質問者は、対象者の答えの意味を理解しながら、次の質問に進む、そういう繰り返しの中で、質問者と対象者の関係は深まりながら社会調査も進んでゆく。とくに質的調査の場合には、このような面接を何回も繰り返して親しい人間関係を作りだすことによって、社会調査の内容も深まってゆくのである。

行為関連の立場

こうして新明は、第四章において、「行為関連の立場」を提示する。つまり「人間の行為は関係を形成し社会的である」。新明はこの点について、「人間は人格的な統一を有し、行為の主体をなすものである。そして、社会はこの行為の連関においてこそ成立するものである。正確にいえば、主体的関係は人間主体の行為関連と観念さるべきである。かくの如き行為的な観点は関係の主体的な意義を生かすためにも必然的に要求されるものであって、社会の概念は関係から進んで更に行為関連として規定することによって、眞によくその本質を闡明されることになるのである」と敷衍《ふえん》している。

国家と人類社会

この「一般的な立場」に立ってみた上で、さらに「具体的に見た場合には種々の形態に区分されうる」が、特に「近代社会は、従来の社会よりも遥かに広大な関聯の上に立っている」。「しかし、此の連帯も我々の生活の統一的な基礎をなすものとは考えることが出来ない」のであって、「人類社会が社会生活の基礎と成るためには、それが単に部分的散在的に成立しているだけでは足りない。それは、その上にこの関係を調整する組織をもった綜合社会となっていなければならぬ。しかし、かくの如き組織を有するものは、国民社会だけである」。……「国家が国際法の規定を遵守している状態は、法的側面から見ると、恰も国家が国家以上の人類社会の法のもとに帰属しているような外観を与える。……しかし、これも究極において国民国家の自己限定的な承認に他ならないのであって、国際法の成立に基づいてこれを国家法に優越するものとなし、法の最後の根拠を国際法に求めようとするのは、あまりに法の抽象的な側面に目を奪われたものと考えなければならぬ」。諸国家の国際法への服従は、「一片の擬制」であって、「人類社会の現実は、この限界以上の要求をもつことは出来ないのである」。……「近代社会における人類社会の現実的な意味はかくの如きものである。この見地に立つならば、今日直ちに人類社会の概念を社会生活の基礎たらしめることは不可能であると云わねばならぬ」。……「国民社会にとって人類的連帯は一つの課題をなしている。この問題性を無視し、又はその解決を誤るならば、国民社会はその発展に由々しい危機を招くのである」。この発言はおそらく当時の中国などをめぐる国際情勢を念頭にかたられたものであろう。しかし、今日のロシアとウクライナ情勢を想起するならば、今日なお喫緊の課題というべきであろう。

社会の歴史性、時代

そして新明は、第五章「歴史的社会の概念」に移る。新明によると、「社会は行為関連（新明の原文は行為関聯―以下同じ）として綜合的であるとともにまた歴史的なものである」。その根拠は、知性に求められなければならない。つまり、「歴史的とは……知性的な選択によって結果せしめられた行為の変化を指すものである。……この選択によって人間は自己の行為を創造的なものたらしめる。……人間が知性的に行為するが故に、歴史的である」。だから、「人間社会が歴史的であると云うのは、それが単に変化することを意味していない。単なる変化は動物社会においても認められる。人間社会の歴史的であるのは、それが変化以上のものであること、即ち創造的な発展であるところに存しているといわねばならぬ」。

「社会は本来行為関連を内容としつつも究極において持続的な組織と制度によって自己を完成するものである。……社会は歴史的な創造において持続的な時間的関連を形成する。一つの新しい価値を中心としたその成立と展開と消滅との時間的関連、かくの如きものが社会の発展の形貌をなすものである。そして、これこそ我々が『時代』と呼ぶところのものに相当するのである」。

「社会の歴史性は一応時代的様式において表現される。……時代は一層大きな歴史的関連のなかに包摂されそのなかで自己の方向を与えられているのである。……従って社会の歴史性は究極において時代的な全体的な関連において考察されなければならないのである。我々は此処に社会発展の概念に到達するものである」。

社会の「進歩」の標識

「社会にかくの如き創造性の具わっているところから、その歴史性が由来するものである。……行為関連の創造的な発展は先ずその量的な発展を意味しなければならぬ。行為関連はその内容的な価値の増大によって価値的により高いものに上昇せしめられる。我々が文明の進歩と呼ぶものはかくの如き行為関連の増大によって価値的により高いものに上昇せしめられる。……我々が文明の進歩と呼ぶものはかくの如き行為関連の量的な発展に当たるものである。此処に進歩の第一の標識がある。しかし、行為関連はひとり量的のみならず、質的にも発展し得るものである。これは既成の行為関連のほかに、新しい価値や意味をもった行為関連が発生することを意味するものである。そして、これによって社会は益々多彩的な内容を有つ異質的な行為関連の体系に高昇するものである。ここに進歩の第二の標識がある。……だが、……行為関連は組織的に配置され指導されることによって初めて能率的となるものである。……茲《ここ》において我々は社会の組織化をも進歩の条件として考慮する必要があるのである。これが進歩の第三の標識である。……我々進歩の最後の基準として行為関連の調和的な社会化を考えなければならない……。これが進歩の第四の標識である。……要約すると、進歩は行為関連の量的・質的・組織的・および調和的衡平的な発展であって、これらが理想的に実現されるところに理想的な進歩が成立すると云えるのである」。

現在の価値

「若し我々が社会に進歩を認めたならば、前の時代よりも後の時代が優越することになるであろうが、これでは結局時代が手段化せられ、これを完結した全体として認める余地が失われてしまうのではないかという不安な感情」が生ずるかもしれない。……「我々にとって生きた時代は現代なのであって、それは将来への手段ではなく現代そのものにおいて肯定さるべきものである」。……しかし「手段はあるものへの貢献であり奉仕であって、その価値を決するのは手段の貢献し奉仕するものが何であるかということである。……今、社会を見るに、その行為関連はただ個人の目的的自立性によって成り立つものではない。……社会において個人の手段性は一面その必然的な要請となるものである。……我々は手段性の観念によって人間の存在的な意義が失われるものの如くに考える偏見をすてなくてはならぬ。社会には手段即目的の関係が構造的に内在しているのである」。……「我々が現在を未来への手段たらしめることは現在の価値を奪うものでなく、反って現在の価値を高めるものである。現在は過去に対して目的と成り未来に対して手段と成ることによって、開かれた意味における絶対者となり完結者と成るものである」。

そして新明は最後にいう。「進歩的社会の問題は歴史的社会の問題の冠冕《かんべん》をなすものである」。この「冠冕」と言う言葉は難しい。『大漢語林』(5)によると、「かんむり」、そして「高位高官」、「外見をかざること」、「首位、第一等」という意味だという。ここではおそらく、「最高の頂点をなす課題」とでもいう意味だろうか。しかし私が従事して来た「モノグラフ調査」では、「最高の頂点をなす課題」などはない。一つ一つの集団、社会が、それぞれ独自の研究「課題」なのである。ただ、ある一つの対象を深く認識することによって、ほかの対象に取り組む際の理解を助ける。だから、「意味的普遍性」と私はいったのだった。

形式社会学批判、綜合的認識こそ社会学の課題

以上を要約するなら、新明は、自分の「根本的立場」を「闡明」するために、当時有力であった「形式社会学」に反対することから始めている。それに対して新明は、「形式」だけを社会学の対象として取り出すのではなく、内容と形式の両方を含めた「綜合的認識」が社会学の課題であると主張したのである。

また右に見たように、社会の本質は「行為関連」にあるとしているが、これは要するに、社会とは人々の、さまざまな「意味」を伴って行われる行為の関連から成り立っているということであり、これら社会関係の内容をなす「意味」と、そこに成立する人々の結びつきの「関係」ないし「集団」の両側面を綜合的に認識するのが社会学だと主張したのである。また、そのような社会学が、特定事例の個別認識と、多くの事例をカバーする抽象的一般的な認識との両方法を含むとして、前者を「歴史社会学」、後者を「一般社会学」と名づけたわけである。だから、この分類でいうと、私が述べた社会調査による社会認識は、「歴史社会学」ということになる。

「基礎問題」と「本質論」

ただ、新明が力を入れて論じたのは、『基礎問題』や『本質論』であったことについて注意して頂きたい。この時代、「社会学」は「哲学」や「歴史学」、あるいは「法学」や「経済学」などのように、

すでに一般的に認められた学問分野ではなかったことに関わるのではないか、だから「社会学」とは何か、そこでいわれている「社会」とは何か、ということを力説する必要があったのだと思う。まして新明は、東大法学部政治学科の出身で、就職した大学で社会学を担当することになったという、いわば外的条件で社会学と結ばれたという条件にあった。だから、いわば力こぶを入れて「社会学」を論じる必要にかられたのでもあろう。

(1) 新明正道『社会学の基礎問題』第五版、一九五二年、弘文堂。
(2) 新明正道『社会本質論』再版、一九四二年、弘文堂書房。
(3) 森岡清美・塩原勉・本間康平『新社会学辞典』有斐閣、一九九三年(「形式社会学」、「ジンメル」の項を参照)。
(4) 細谷昂「庄内モノグラフ調査をめぐって」『村落社会研究ジャーナル』第四六号、日本村落研究学会、二〇一七年。
(5) 鎌田正・米山寅太郎『大漢語林』大修館書店、一九九二年。

第四章　『社会本質論』

出発点としての行為の概念と理論的課題

続く『社会本質論』(1)の序文において新明は、「私は本書で一般社会学の基礎問題をなす社会の本質を究明しようと期した」と述べて、「特に私が行為の概念を出発点としたのは、社会の実質を行為的なものとして見ることによって、社会を静的なものでなく、歴史的なものとして把握することが可能とされるとともに、人格に即した主体性をも浮き彫りにすることが出来ると考えたからである」としている。

そして、そのような理論的課題を解明すべく新明が展開したこの著書の内容の大筋を理解するために、「目次」を紹介すると以下のようになっている。

行為の意味

ここでも、「行為の意味」について述べられている。この概念については、先の『基礎問題』のなかでも述べられていたが、新明社会学にとって重要なポイントなので、ここであらためて見ておきたい。

新明によると、「人間的行為も根本において生命の行動形式である点では、動物において見られる行動形式と同一の基礎に立っている」。つまり、人間も生きてゆくために動物と同様に行動を行うが、しかし、「人間的行為は生命的衝動の最も高度的な行動形式と規定されなくてはならない」。なぜなら、人間の行為は、動物が行う行動の中でもっとも高度なものだからである。つまり、人間の行為は「知性的であると同時に意志的」なのである。「人間は自己が何をなしつつあるか、且つ自己のなそうとするものが何であるかを知っており、自らこれに準拠して積極的に自己の行為を企画しこれを目的的に遂行することができる。この性格によって人間的行為は動物的行動に対照した場合著しく創造的なものとなるのは当然である。……我々は人間が自己の行為に意味を与えているとか、又はこれに価値を付しているとかいうが、これは人間が自らその行為の創造性を意識しこれに特別な関心を与えていることを指示するものに他ならないのである」。ただしこれは「行為者によって思われた意味」であって、事物そのものが何らかの意味を持っているわけではない。

ここで新明は、このような行為の意味といっても、それらは「無限に複雑な現実的な行為の意味と解すべきではない」のであって、「この行為の意味を目的手段の全連関において追求してゆくと、最後的に我々はこれを経済的なものとして確定することができる」と述べている。行為の意味の概念について、新明は社会学者としてはマックス・ウェーバーの名を挙げているが、右の点ではとくに依拠すべき学者の名前は挙げていない。しかし、これはおそらくマルクスを想定して書いているのではないか。

行為の関係性

さらに新明は、「我々は人間的行為を種々の意味を含むと同時に関係的なものとして把握しなければならない」という。しかし「関係」にもさまざまあるとして新明は、「総括」として次のような「図式」を掲げている。

一、方向未決定的―相互作用
二、方向決定的―関係
- 1、相互肯定的―結合関係
  - 未確定的―同情関係
  - 確定的
    - 親和関係
    - 協合関係
    - （親和関係・協合関係）＝地位関係
      - 同属関係
      - 従属関係
- 2、相互否定的―反対関係

- 未確定的──反感関係
- 確定的
  - 闘争関係
  - 競争関係

人間の関係をこのように整理した上で新明は、しかし「我々は社会の本質を以て関係一般ではなく、むしろ結合関係に存すると断定するのを至当と見る」とする。しかし、さらにいえば行為の関係には、集団をなすものとそうでないものとがあるのであって、「我々が真に集団と問題としうるのは多数人が一定の認めうる構造をもって社会的な諸関係の組織を形成している場合に限られる」。そこに、「我々は集団の分類として、集合的集団と団体的集団を区別するが、前者に属する群衆や公衆にあっては持続性は殆どみることが不可能であって、唯関係の組織化において集団的な性格を認めうるのみである」。……したがって、「集団の最も完成された典型」は「団体的集団」といわなければならない。

団体的集団

「団体的集団の第一の特徴は、それが集合的集団に比してはるかに大きな持続性を有する点に存している。……第二の特徴は、それが集合的集団に対してはるかに有力な組織性を有する点に存している。……第三の特徴は、団体の成員において自己の集団に関する観念乃至表象が成立し、特にそれが規範的な意味を有ったものにさえ成っているところに認められる」という。

基礎団体と派生団体

さらに団体にも「基礎団体」と「派生団体」が区別できるとして、「一般的に基礎団体と見られているものは、血縁乃至地縁の如き外的原理に基づいて成立した団体である。血縁的基礎団体としては群、氏族、部族、民族等、地縁的基礎団体としては村落、都邑、地方、国等が指摘されうる」と述べて新明は、さらに「血縁や地縁は勿論それ自身団体を内的に成立せしめる原因をなすものではない。団体は人間の行為的交渉性の高度の発展形式をなすものであって、これを成立せしめる究極的な原因は結局人間の種々の意味的行為のなかにある」という。

他方、派生団体は、「それ自体において人間の社会生活を完成するものではなく、一応それがその特殊的に遂行する機能を包括的に遂行する基礎団体の存立を必要とすることは事実であって、この意味においてそれは派生団体の母胎をなすと云ってよいのである」。

さらに「我々は人間の意味的行為が個人におけると同様に社会においても包括的な調整を必要とされる点から考えて、かくの如き包括的処理を使命とする基礎団体の成立を自然的な要求に対応するものとして、積極的に意義づけてよいのである」として、「特に我々はその最大のものとして民族を指摘することが出来る。民族は包括的な連帯の意識によって浸透されている最大の基礎団体である」と述べている。

派生団体

次に新明は、派生団体を、「根本的にはこれを中心的な機能によって区分するのが適当である」として、以下のような分類を掲げている。

一、生活遂行的派生団体
（イ）種属的派生団体（典型—家族）
（ロ）経済的派生団体（典型—消費組合）
二、生活媒介的派生団体
（イ）伝達的派生団体（典型—新聞社）
（ロ）教育的派生団体（典型—学校）
（ハ）道徳的派生団体（典型—修養団体）
（ニ）政治的派生団体（典型—国家）
三、生活表現的派生団体
（イ）宗教的派生団体（典型—教会、寺院）
（ロ）学問的派生団体（典型—学会）

（ハ）芸術的派生団体（典型―芸術的団体）

（ニ）娯楽的派生団体（典型―倶楽部）

「一般に派生団体が多数の成員を包擁し、その生命が持続的である場合には、それが一の中心的機能のほかに附随的追加的に他の機能をも遂行するにいたる……が、歴史的に特にかくの如き包擁的なものとして重要な意義を獲得してきたものは、家族、国家、教会等であって、此等は派生団体として特に我々の重視すべきものを成している」。

綜合団体

しかし、これで終わりではない。「我々はなお基礎団体と派生団体との相即的な関連性に基づいて、更に両者の綜合として究極的な団体的交渉性の成立することを指摘しなければならない。……それは、両者の弁証法的統一を成す綜合団体に他ならぬ。……それは、最も広大な基礎団体を土台とし、これを目的的に確定する最高の政治団体の存在を俟ってはじめて成立するものであって、文明社会について見ると、それは基礎団体として民族を土台とし、これを目的的に確定する政治的国家の存在を要件として成立するものであるといい得る」。

民族と国家

続けて新明は力説する。「かくの如き綜合団体が成立しないかぎり、人間の団体的生活はなお欠如態にあるものである。如何に有力な民族的基礎団体が成立していても、これを目的的に規制する国家が存在していない場合、または如何に有力な国家が存立していても、その基礎団体として民族的な母胎が与えられていない場合、団体的生活は最後的に完成されているとは云えないのである」。つまり、有力な民族的基礎団体の上に有力な国家が成立していること、あるいは有力な国家の基礎団体として有力な民族的基礎団体が成立していること、そこにこそ文明社会の総合団体があるというのである。

この文章を、新明はより具体的に、どこの民族、どこの国家とは述べていない。しかし新明は、昭和一四年刊の『基礎問題』の「序言」を「中支旅行から帰って」と結んでおり、また昭和一七年の『本質論』の序文を「本書の構想は過去二ヶ年にわたっているが、執筆を開始したのは大東亜戦争勃発の直後に当たっている」と書いている。つまり、昭和一六（一九四一）年以降のことである。

後に見るように、そこに至るまでの時期、新明は精力的に時事論文を書いている。『社会本質論』において理論社会学の終着点として提示した「民族的基礎団体」とその上に成立している「国家」、その政治的動態ついての認識は、これらの時事論文によって見ることが出来るであろう。それが、後の第二部の主題である。

膨大な引用文献

さて、以上は新明の主著二冊の要点だけを摘記してきたが、両著とも本文には多くの外国、日本の文献が引用してある。驚くべき数であり、新明の勉強ぶりをうかがうことが出来る。例えば、『社会本質論』の第一章は、「個人中心説」と「社会中心説」の対立について、「近代自然法論」としてホッブス、ロック、ルソーが言及され、これに対して、「イギリスにおいてテムプル、シャフツベリー、ヒューム、スミス、ファーグソン等によって反駁され」たとされている。その後もクノー、ベンタムと引用は続く。他方、社会有機体論について、コント、スペンサーの紹介がなされ、また心理的概念の導入について、エスピナス、シェッフレ、フイエ、ウオルムス、そしてランドバーグの「社会心」概念の検討がなされている。またここでは、デュルケームとマクドガルが引用され、さらにブーディンが紹介されている。他方、「関係的見解」としてタルドに続いて、ジンメルの相互作用の概念、フィーアカントの異論、フォン・ウィーゼの関係概念の検討が行われている。

第二章から第三章では、「人間的行為」の概念を確定するためにコントをはじめ、多くの研究者の名前を挙げた後に、具体的にパーク、バージェス、ギッディングス、フォン・ウィーゼ、パレート、およびマックス・ウェーバー、さらにミード、あるいはマクドガルド等の説を紹介・検討している。さらに第四章以下、行為の交渉性、集団性を解明するために、ジンメル、タルド、デュルケーム、高田保馬、松本潤一郎、またテンニースを検討している。とくに行為の集団性に関しては、フォン・ウィーゼ、ジンメル、フィーアカント、ゾムバルト、マキーヴァー等の見解を紹介、検討している。以上は、単に各章の叙述から人名だけを拾い上げただけだが、ともかくこれによって、新明の広い読書、勉強ぶりを推測することは出来るであろう。

先に見たように、新明は東大法学部政治学科の卒業。卒業までは社会学について、それほど素養があったとは考えられない。むしろよく知らなかったので、関西学院に就職後、本来の政治学のほかに社会学の講義を依頼されて、その基礎勉強として、社会学書を初め多くの先行研究の勉強をしたのだと思う。一般の社会学出身の社会学者ではなかったのである。

（1）新明正道『社会本質論』再版、弘文堂書房、一九四二年。

第五章 『知識社会学の諸相』

帰国直後の著作

さてここで、少し時間をさかのぼって、新明がヨーロッパから帰国した直後、昭和七（一九三二）年の著作『知識社会学の諸相』[1]を見ることにしよう。ドイツ留学によって得た影響を知ることができるように思われるからである。

まず第一章「知識社会学の歴史性」である。そこにおいて新明は、「ドイツ社会学は近時ことに大戦および革命以後において異常の進展を画し」ており、「ドイツ固有の社会学の特色を世界的に認知せしめるに至った」と述べている。そして、「ドイツの現在の社会の基調をなす自由と民主の気運は確かに社会学にとっては促進的な効果をもつものであった」という。ここでいわれている「大戦」とは第一次世界大戦のことであろうし、また「革命」とは大戦末期に大衆蜂起によって引き起こされた帝政打倒、ワイマール共和制の樹立のことであろう。この点、社会学という学問が「自由と民主の気運」のもとに「促進」される学問であったという点を、銘記しておきたい。

知識社会学とマルクス主義の影響

この章では、ジンメル、フィアカント、ゾンバルトなどの当時のドイツ社会学者について述べた後、そこから文化社会学あるいは知識社会学の「台頭」について紹介して、そこにマルクス主義の影響があることを指摘している。

続く第二章は「実証主義的知識社会学」として、エルサレムを取り上げ、それとの対照として、デュルケームについて対比的に検討している。次いで第三章の主題は、現象学的知識社会学としてマックス・シェーラーである。しかしこの本で最も力を入れているのは、続く第四章「歴史主義的知識社会学」である。ここで取り上げられるのは、アルフレッド・ウェーバーとカール・マンハイムである。アルフレッド・ウェーバーについては、先の第三章においてみた『社会学の基礎問題』においても、「文化社会学」の代表者として取り上げられていたが、ごく簡単に繰り返しておくと、ウェーバーは「社会構造、文明過程、文化運動の三部門的なトリオロジー」を提案して、その一部門として「文化社会学」を提案したのであった。この著書においては、ウェーバーは「歴史領域を並行的に走る線に解体しその全体的な相関をば明確に示すことの出来なかったところに、……彼の自己破綻が存している」と指摘している。こうしてこの章の主題はマンハイムである。

「歴史主義」から「相関主義」へ

「マンハイムは歴史主義を標榜する。……歴史主義とは何であるか」。マンハイムによれば、「歴史主義は精神的心理的世界を流動的なもの、生成的なものと見るところに発足点をもっている」。……歴史主義に対する「第一の批評は、歴史主義に『相対主義』が含まれているということである」。だが、そのようにいう立場にしても「歴史的に制約されている」。マンハイムによれば、「『歴史主義は既に敵に対して、そして、しかも、それが対象を単に理論的組織の対立のうちにではなく、之を種々の生の全体性における対立として示しうるところに絶対的な優越性を有している』。……現在の生の生態は正に原子的な分析的な傾向を離れて『綜合への転向』を示している。歴史主義は此の生の段階における理論であって、その任務は正にこの綜合をなすにある」。……こうして「マンハイムは思惟を実在において基礎付けるより綜合的見地へ進出する必要を鼓舞するものである」。

「相対主義は絶対主義へのアンチテーゼである。相対主義は実質の動学的生成のうちに、或は此の実質の動性の認識のうちに発生したものである。この意味においては相対的な歴史主義と謂《ママ》も絶対主義よりも真理に一歩近づいている」。

「マンハイムはここに積極的な歴史主義の喚声を上げた。それは自己に単なる相対主義の名を拒絶する。彼がある場合に用いた『相関主義』の語は彼の立場を一側面から照明するものである。……一定認識の『存在的相対性』の洞察……は決して各人が皆権利を有つか又は何人も権利を有たない相対主義へ導くものではなく、一定の性質的な真理が存在相対的に把握され形成されるにすぎない相関主義へ導くものである」。

マンハイムのイデオロギー論

マンハイムの社会学は、文化社会学の系統に属しているが、特に関心をもったのは知識社会学であり、なかでもイデオロギーの問題を中心的に扱っている。かれは、知識社会学の理論を「存在結合性の理論」にあるとした。「ここで対照されている」のは、「イデー」と「イデオロギー」という二つの概念である。「われわれの精神的心理的内容一般」を「内部から把握し解釈しようとする限りにおいて」は、それらは「イデー」として現れるが、われわれが「これをその外部に存する法廷から」、……これを特に「社会的存在から考察するときはイデオロギーとして現れる」。つまり人々が抱く「精神的心理的内容」を、それを担っている人々の社会的存在のあり方から解釈する時、その観念は「イデオロギー」として把握されるというのである。なぜならその人の社会的存在の仕方によって「拘束」されたものとして認識されるからである。ごく日常用語でいうなら、ブルジョアジーが抱く「イデー」は、ブルジョアジーの社会的存在の仕方によって拘束されており、したがって彼の思想は「ブルジョア・イデオロギー」として現れるというのである。

「部分的イデオロギー」と「全体的イデオロギー」

このイデオロギーのなかにも、さまざまな種類がある。まず「部分的イデオロギー」と「全体的イデオロギー」である。つまり、「敵の主張の一部分を—そしてこれを、またただその内容性においてのみ—イデオロギーとして認定しようとする」時には、それは「部分的イデオロギー概念」として現れ、これに対して「敵の世界観（範疇的組織をも含めて）を問題とし、これらの範疇をも集合的主体から理解しようとする」時には、「全体的イデオロギー概念」として現れる。「この相違に対応して、部分的イデオロギー概念は主として利害心理学を以て作業し、これに反して、全体的なそれはもっと形式化された、出来得れば客観的な機構連関を志向する機能概念をもって作業する」。どうも理解しにくいが、ここで「概念」といわれているのは Begriff であり、日本語では「把握（の仕方）」とでも訳すれば分かりやすいかもしれない。だから、これも日常的にいえば、例えばブルジョア・イデオロギーは、ブルジョアジーの利害によってゆがめられていると把握するのが「部分的イデオロギー把握」であり、ブルジョアジーがおかれている社会機構の位置によって、思想構造が規定されているとみるのが「全体的イデオロギー把握」なのである。

「特殊的イデオロギー」と「普遍的イデオロギー」

「全体的イデオロギー概念は、しかしなおこれを以て完成したものとは見ることは出来ぬ。この段階におけるイデオロギーの概念はマルクシズムに最も鮮明に発現された。そしてそれはその基礎において心理的から社会的に進展した優秀な概念である。だが、それはなお欠陥を有している」。なぜなら「批判が単に敵のみに……即ちブルヂオアにのみ向けられるからである。……マンハイムはこの方法の一般化を拒否する立場を『特殊的』であると成し、これに対して『普遍的』の立場を採ろうとした。つまり『自己の立場をもイデオロギー的に見る勇気をもつならば人は全体的イデオロギー概念の普遍的把握に到達する』」。

「価値自由的及び評価的イデオロギー」

マンハイムは「更に茲《ここ》に二つの立場を区別しようとした。これはイデオロギー概念が『価値自由的』の立場をとるか、又は『評価的』の立場をとるかによって生ずるものである」。「価値自由的」イデオロギー把握とは、「『問題単純化』のために、イデーの『正当性』如何を問題の外に置き、『一定の意識構造と存在状態との間の関係を示すことだけ』に自己を限定する場合において成立する」。しかし「『個々の立場のそれぞれの部分性とその相互的な関係を社会的全生成との関係において研究することはかくの如き「価値自由」のイデオロギー研究の問題をなすであろう』。かくの如きイデオロギーの研究は相関主義的な主張と結び付き、之によって強められる」。そしてそれは「絶対主義に対抗するに至らざるを得ぬ」。「茲において『価値自由』なるイデオロギー概念は『評価的な、認識論的な、究極において本質的形而上学的な評価』へと移行する」。

「知識社会学は茲に形而上学的世界観的な決定に対向する。そして之には二つの形式がある。㈠は、歴史彼岸的な法悦的中心のための歴史の相対化である」。しかし、これは「正にこの歴史軽蔑の結果として之から何等本質的なものを獲得出来ないという危険に曝されねばならなかった」。……これに対して「我等が、単に思弁的ではなく、歩一歩目前の素材によって検証しながら、此の視界を益々具体的に形成したならば、我等は社会学的時代診断と称することの出来る原理に到達することが出来る」。……「此の場合においても、イデオロギー概念は評価的方向に移動せざるを得ぬ。……マンハイムが此の評価的な要素を有つ第二の典型に知識社会学の最も完全な発展を見ることは明白である」……。「マンハイムがその知識社会学において此の問題を取り上げたことは、彼の見地を極めて精彩ある現代的なものたらしめた。此の点において、彼は全くマルクス的なイデオロギー論の強い感化を示している。そして実際彼は之を全体的イデオロギーとして完全に承認したものである。だが彼は之をそのまま自己の組織として受容するものではない。彼は、知識社会学のために『普遍性』—『特殊性』に対する—の概念を必要であると考えた。……イデオロギー論における特殊性の立場は、思惟を一方的暴露の意志と結びついているものとして観察する。この見解は彼によって斥けられる。……この変形によって彼の知識社会学とマルクス主義的イデオロギー論とは截然と区別される」。つまり、マルクス主義が敵対者の立場のみを存在拘束的なものとして捉える「特殊的立場」に立つのに対して、彼は自分の立場をも存在拘束的なものと見るという「普遍的」立場に立つのである。

マンハイムの知識社会学の「図式」

以上のようなマンハイムの知識社会学の主張を新明は、以下のような「図式」として表現している。この著書における新明の記述は、ドイツ語からの訳語などかなり理解困難である。まだ年若く、日本語の文章が練れていないせいだろうか。われわれもこの新明の要約を引用して参考にすることにしよう。

イデオロギー
- 理想主義的イデオロギー
- 現実主義的イデオロギー ←
  - 部分的イデオロギー
  - 全体的イデオロギー ←
    - 特殊的イデオロギー
    - 普遍的イデオロギー

価値自由的イデオロギー
評価的イデオロギー
→ 現実主義的全体的普遍的評価的イデオロギー論＝知識社会学

知識の存在的起源

マンハイムはその知識社会学の構造のなかに、「理論とその応用に該当する歴史社会学的研究とを区別した。そして理論的部門は存在結合性の理論を以て始まるものとされた」。この認識は、マンハイムの知識社会学の「理論の基本的な前提をなすことは明白である」。つまり「この存在的要素が決して単なる発生的関係の意味しか有たないものでなく、内容形式にまで侵入し、所謂視界構造と称するものを凡て決定的に規定している場合であると考えられた」。

そこで彼のいう「存在」の概念だが、それが「集合的な且つ多元的な存在であることは明らかである」。しかしこの点に関する「彼の見解は区々として一致するところがない」。かれは、時として「精神層」といい、あるいは「経済的権力機構」、「一定集団の意志的な関連」という。「なかでも特に彼の重視するのは、世代の変化と競争であった」。

彼は、知識の存在結合性を「その思惟内容への決定においてまで認めるのである。彼は之を視野的構造への構成的参与と名付ける。……但し、かれは、之を特に社会科学的認識のみに限定した」。つまり自然科学的認識には存在結合を認めないのである。

そしてマンハイムは、社会科学認識の「概念」、「範疇」、「思考模範（モデル）」、「理論の抽象性の程度」、「最後に、……思惟の基本的な層としての本体学（オントロギー）においても存在的拘束の及ぶことを認めた」。この最後に挙げられているオントロギーとは、多くの辞典類では「本体論」あるいは「存在論」などと訳されているが、『広辞苑』によると、その意味としては「カントの用語。物自体のように現象的事物の根底にある超感性的実在」あるいは「あらゆる存在者が存在者としてもつ共通の特質やその根拠を考察する学問」などといわれている。[2]

「かくして彼は認識論を支配して来た妥当それ自体の領域を斥け、之において存在制約の概念が構成的意義を有することを明白にした。そして妥当それ自体の領域は彼によって決してそのものとして成立し得ず、単に高度の抽象の所産であり、依然として存在的制約を脱却するものでないものと論定された。かくしてマンハイムの存在結合性の理論は終わるのである」。

歴史的社会学との関連

マンハイムにおいて、知識社会学は「単なる理論から歴史的社会学的な作業に移って、その真の作用的価値を発揮する」。……「彼は茲に歴史的な全体的な動学には立脚しつつも、その目標とする全体的綜合の概念を一時代において獲得し得る最大の視界において発見しようとした。この綜合において、彼の知識社会学は社会学的時代診断をなし得る積極的なオルガノンとなるのである」。ここでオルガノンとは、ここでも『広辞苑』によると、「(機関・道具の意)アリストテレス哲学で、哲学の道具としての論理学のこと」とある。マンハイムの知識社会学は、時代診断を行いうる手段となるというような意味だろう。従って、マンハイムはその知識社会学によって「全体的政治分野の生成の知識としての政治的社会学はその実現の段階に入っている」と述べている。しかし、「その綜合を支持するのは誰であるか」。マンハイムによると「個々の党派的に狭く制約された見地」を「綜合」するものは、「社会的に自由に浮動する知識階級」である。こうして、「彼の知識社会学は政治社会学であり、それは亦知識階級の賦性に基づいた現代における全体的総観を意味している」。ここで「賦性」とは、やはり『広辞苑』によると、「天賦の性質。生まれつき。天性。資性。」とある。

マンハイムに対する批判

この後、新明はマンハイムの知識社会学に対する批判に移る。その結論的指摘。「彼の全体像の構成における第一の欠陥は、政治的要素からの高揚である。彼は、凡てのイデオロギーをその政治性の故に不純であると妄断して了った。……彼の第二の欠陥は、彼がこの際凡てのイデオロギーの一方性を平等的に不完全であると見た点にあった。彼はここに彼のイデオロギーに対する無差別的な立場を示した。……資本主義的イデオロギーと社会主義的イデオロギーを単にその一方向性の故に同等に否定し去ろうとするのは、余りに粗暴な誤謬である。第三の欠陥は、彼が此の全体的考察によって諸々のイデオロギーを抽象的思惟的に克服し得るとなした点にあった。彼は政治的対立を意味する諸々のイデオロギーを自己の全体的観照によって思惟的に調停しうると考えた。……しかしそれは、真の存在と結びついたイデオロギーの戦―彼は茲に混沌をしか見ない！―に対しては無力である」。「マンハイムの知識社会学は価値決定的な機能を有するものとしては『政治的社会学』たる性質を帯びる。……彼はその全体的総観において形式的に従来のイデオロギーの一方性を批判したが、進んで各イデオロギーの弁証法的統一を考えず、従って内容的に具体的な優越した全体的総観を提出することが出来なかった。彼の政治社会学には本然的に真の価値決定の不可能性が予定されていたのである」。「マンハイムはその知識社会学を構成するとともに、『第二の困難』に遭遇せざるを得なかった。それは、誰がこの綜合の社会的支持者であるかという問題であった」。……「彼は勃興的市民階級に媒介者を求めようとする立場を退けた。此の階級は中間的とはいいながら、歴史的現在に対する敏感さを有していない。動学と全体的関心は之に欠けている。中間に位した階級ではなく、比較的無階級的な、あまりに固着的な地位を有していない層が求められなければならぬ。茲において、彼は一義的に固着的でない相対的に無階級的な層として、『社会的に自由浮動的な知識階級』を指摘したのである」。

……しかし「そのもっとも困難なところは、該階級の統一の概念である。教養の存在を基準として見たならば知識階級を一つの統一体と見ることが可能の如くである。しかし、之によって経済的な基礎の上における諸階級と対抗し又は打破しうるものの如く考えるのは謬見である」。「彼は支持者を探索しつつついに知識階級に着目し、之を有力ならしめるためにその統一性を教養概念によって基礎付けたものである。知識階級の統一性は彼にとっては事実ではなく、要求であった」。……こうして「彼の知識社会学も砂上に楼閣を築こうとするが如き空しき試みに帰せざるをえぬ」。「マンハイムの理論の核心は知識階級の超階級的統一性の概念にある。そして、この根底には、実践に対する知識の関係が分離的に観念せられ、この分離において知識そのものに魔力性が与えられている。……我等は、教養者の大部がマンハイムの所謂『金利生活知識階級』たることを認めざるを得ない。彼等は金融資本に倚属する。従って、彼等は之を自己の『全体的総観』をもって感化することが不可能である。つきつめて云えば、彼等は一般に特殊的な総観の見地を標示するものである」。ここで使われている倚属という言葉は、多くの国語辞典には出て来ないが、漢和辞典によると、倚《い》とは、「よる、たよる、たのむ、すがる」という意味らしい[3]。属とは「やから、仲間、同類」のことだから、「金融資本に倚属する」とは金融資本に頼る、依存するグループというような意味だろうか。

新明の叙述の続き。「マンハイムの立場を直接資本的ではなく、社会民主的であると見るのは、大体において正鵠である」。……「マンハイムの見解には、社会民主主義と結びつく契機は十分存するものである。……我等は、彼の知識階級の地位を社会民主的、しかもその浮動的な小市民層に求めるのは最も適当である。……そして、此の中立性は、若し更に積極的政治化を生ずる時には、更に一歩保守化して、ファッシズムの傾向に結びつく可能性も生じて来る。それは、現状批判的であり、消極的には反資本主義的でもある」。……「彼が知識階級のイデオロギーとして有っている超階級的な気持は、そのなかに既にファッシズムの歴史観へ通じる窓を有っている。……かれの知識社会学に対する異常の好評は、徒に十字路に立った知識階級の救われない悩みを物語るものである」。

新明社会学とマンハイム

以上の論述は、日本語としてかなり難解といわざるをえない。しかし、新明がマンハイムの『イデオロギーとユートピア』を読んだのは当時のドイツの社会状況―ヒットラーの政権掌握は一九三三年、新明のドイツ留学からの帰国は一九三一年、まさにこの「ドイツにやがてヒットラーの独裁をもたらすファッショ《ママ》ズムの嵐はすでに吹き出していた」時代だった。そのことを振り返ると、マンハイムの知識社会学への「異常の好評」に「徒に十字路に立った知識階級の救われない悩み」を読み取っていることは、まことに鋭い時代認識ということができよう。

ところで、帰国後の新明の社会学体系構築の思索を想起すると、マンハイムにおける、「綜合」による「普遍的立場」の獲得、「理論」とその「応用」としての「歴史社会学」、その「機能」としての

「政治的社会学」等々の思想を見ると、新明がジンメル等の形式社会学を脱して独自の社会学理論を構想してゆくにあたって、マンハイムに大きな影響、あるいは少なくとも刺激を受けたと見ることが出来るのではなかろうか。そのことは、後に新明自身、ドイツ留学中マンハイムの『イデオロギーとユートピア』を読んで「形式社会学的な関係的分析に味気なさを感じていた私に、いわば薄暗いコンクリートのビルを出て眼前に突如白昼の光のなかの花壇を見出したような印象を与えたことは事実である」と書いていることからも理解できるだろう。[4]

しかし、新明がマンハイムの知識社会学を「ファッシズムの傾向に結びつく可能性」ありと見て、それに対する「異常の好評」は、「知識階級の救われない悩み」を示しているとした評価は、やがて新明自身、日本社会の「ファッシズムの嵐」に巻き込まれざるを得なかったことを想起するならば、まことに悲劇的な自己診断だったといわざるを得ない。

（1）新明正道『知識社会学の諸相』寶文館、一九三二年。
（2）新村出編『広辞苑』岩波書店、一九五五年。
（3）鎌田正・米山寅太郎『大漢語林』大修館書店、一九九二年。
（4）新明正道「著作集第六巻　序言」『新明正道著作集』第六巻（「知識社会学の諸相」「イデオロギー論考」）、誠信書房、一九七七年。

III 時代

第六章　『政治の理論』

戦時期の新明

こうして新明は留学から帰って、東北帝国大学での学究生活に戻る。が、時代は、戦争だった。一九三一（昭和六）年、日本軍は中国東北部「満州」への進出、「満州国」の樹立、そして中国大陸各地への侵略の拡大、そして一九四一（昭和一六）年一二月八日、日本軍のハワイ真珠湾攻撃、太平洋戦争への拡大、と相次ぐ戦争拡大の歴史である。

この間、むろん新明は理論社会学の研究を続けるが、東大法学部政治学科出身、ヨーロッパ留学帰りの新明を新聞雑誌などのメディアは見逃さなかった。さまざまな紙誌から、時代の動向を論じる評論執筆の依頼が来る。この時期の新明の執筆活動については、山本鎮雄の『時評家　新明正道』(1)が詳しい。しかしここでは、新明自身がまとめた論文集『政治の理論』(2)を参照することにしよう。その内容の大筋を推測していただくために、まず、この本の目次を列挙してみよう。カッコの中は、掲載誌名である。

第一部　国民再組織

一　国民再組織の将来（九州日日新聞）／二　国民再組織の問題（経済情報政経編）／三　超克さるべき現政局（エコノミスト）／四　新体制運動の根柢にあるもの（日本評論）／五　単一政党運動批判（エコノミスト）／六　転換期政局の基調（商工経済）／七　新体制の政治学（日本評論）／八　新体制と国民組織（蒙古）／九　大政翼賛会の本質（エコノミスト）／一〇　大政翼賛会の出発（東亜連盟）／一一　大政翼賛会の進路（帝国大学新聞）／一二　大政翼賛会の性格について（三田新聞）／一三　翼賛会運動の危機（日本評論）／一四　革新の停滞とその打開（改造時局版）／一五　政治力の追求（「知性」）

第二部　東亜における新秩序

一　近衛声明一周年（改造）／二　東亜新秩序建設の目的（世界週刊）／三　三民主義の新時代的意義（世界週刊）／四　東亜新秩序の歴史的意義（外交時報）／五　東亜新秩序の反共的性格（東亜解放）／六　東亜協同体と国民再編成（大陸）／七　東亜連盟論の理論的検討（東亜解放）／八　新東亜建設政策の全体的統合へ（蒙古）／九　新東亜建設戦の現段階（外交時報）／一〇　和平支那と新東亜建設理論（執筆誌名なし）／一一　いかにして新東亜建設運動を前進せしむべきか（日本評論）／一二　興亜政策への基本的認識（日本評論）／一三　アジア民族政策論（大陸）／一四　事変新局面の展望（大陸）

第三部　世界政策の新展望

一　世界政策構成の諸要素（東亜連盟）／二　共産主義の転落（日本評論）／三　独逸は変貌するのか

（経済情報）／四　独逸と世界新秩序（外交時報）／五　アメリカの社会的動向（理想）

この著書は、書き下ろしではなくて、昭和一四（一九三九）年一月から一五（一九四〇）年九月にかけて、合計三四回新聞・雑誌に寄稿した記事の集成である。なかに「帝国大学新聞」なども含まれるが（東北大も「東北帝国大学」、おそらく全国帝大の新聞だったのであろう）、多くは当時の著名な政治・経済紙・誌である。すでに日中戦争は始まり、やがて太平洋戦争が始まろうとしている時期、その時期の日本国内の政治的動向についての新明の評論が、新明自身によってまとめられている。

国民再組織

第一部の主題は「国民再組織」である。これはどういう意味だろうか。当時の時代状況のなかにあったものでないと、中々理解しにくい。新明の論述によると、こうである。

「国民再組織や国民協同体の対象となるのは、近世に成立した国民社会であって、その新しい組織化が現下の問題となっているわけである。私は、此処で国民社会をもって政治的な核心組織として国家を有する綜合社会であると考える」。……「それは、未だ国家をもつにいたらない原始的な群社会や、部族社会とは区別さるべきものである。国民社会の時代にはかくの如き政治的な綜合社会の他に、なお社会的な類似を中心とした統一的な集団として別に民族が成立する。それは国民と一致することもあり、そうでない場合もある」。……「これが、特に有力に成立し得るようになったのは、近代の国民社会においてである」。

「近代国民社会が優れて国民的性格を帯びるにいたったのは歴史的に人種的な混血や共同的な社会慣習が生じて、民族と国民との食い違いを修正し、国民即民族たる様相を生ずるにいたったことにも基因しているが、これを促進した力としては、近代資本主義の成立を指摘しなければならぬ。資本主義は、村落的境界を越えた国民的な組織を展開せしめ、一社会内の経済的領域は著しく統一的なものたらしめられた」。

各国の事例―ロシア、伊独

「国民社会の再組織は反国民社会的な見地からも行われ得る。それは部分的な利益集団を基礎として展開されるものであって、ロシアの例はこれに該当する。これは、国民的利益や意識の失われた瞬間において成立したものであって、国民社会的形式にある程度まで帰趨したとはいえ、本来の国民的な綜合を否定して成立したものである。これは国民的綜合の伝統を発達せしめて来た国民社会にとって、一般妥当な方式たり得るものでなく、本来反国民社会的な組織化の方向を意味している。伊独の成就《じょうじゅ》した国民社会の新組織はかくの如き反国民的な性格を否定し、国民綜合性を強化することによって新組織を樹立しようとした点において、それとは対立的な方法を示すものである」。

この「ロシアの例」とは、一九一七年のロシア革命によって成立したソビエト権力の形成を指しているのであろう。また、「伊独の成就した国民社会の新組織」とは、イタリー・ファシスト政権、ドイツ・ナチズム政権を指しているのであろう。新明は、前者つまりロシアの例は「反国民社会的な組織化の方向」とみて、それに対して独伊の方向は「国民的総合性を強化する」ものとみている。「両国がファッシズム的または民族社会主義的な革命を行ったのはその社会的事態の緊迫によるものである。伊は大戦後の疲弊と連合国の不公平な処置への不満からファッシズムに突進した。ドイツがナチス化したのは、戦敗やインフレーションや酷薄な講和条件によって致命的な重圧を加えられ社会が崩壊の危機に瀕したのに対する反動と見らるべきであった。日本は必ずしもこれに類するほどの社会的な危機に面しているわけでない。……が、兎に角、それが英国に比すべきほどの余裕のあるものでないことは否定できないのである」。

自由主義経済の欠陥の克服―英米仏も

英米仏の場合。「これらは政治と経済、国民と自由結合集団との二元主義に立たず、両者を全体的に綜合することによって自由主義経済の欠陥を克服しようとするものである。国民的協同体、又は全体的国家はかくの如き新組織の方法的な結果を示している。……だが、独伊ほど極端な方法を用いなくとも、他の英米仏にしても国民社会の基礎においてある程度の計画的な新組織の採用に迫られ、すでにこれを採用しつつあるのである。各国を通じて一様に国民社会の新組織は必要とされて来ている」。

つまり「国民社会の過半においては、国内的な分裂の止揚、否これを克服した組織化への要求が存しており、これによって一般に資本主義や自由主義の害悪をも克服しようとする傾向が看取されると云ってよいのである」。

日本の行くべき道

当時「支那事変」とよばれた日本の中国侵略が開始され、やがてヨーロッパ戦線も加わって、第二次世界大戦が始まろうとする時、新明は、このように「国民社会の再組織化」の時代と見て、そのなかで、「日本は国内的に新組織への要求をもっている」という。「特に事変以後において戦争遂行の必要上、幾多の政治的、経済的な変革が行われているが、現状においてそれはなお糊塗的であって、国民的綜合の立場から見ると遺憾とすべき点は少なくない。………日本が東亜新秩序の建設に乗り出したのは、東亜の諸国民の間にこれを築き上ぐべき客観的な基礎のあることを見極めているからであるが、それはまた日本の発展のためにも必要とされているのである。……日本が新東亜社会の建設に指導的な役割を演ずるにいたるとともに、それは一層痛切になって来ているのである。……我々は日本の現下の必要をはっきり捉んで百尺竿頭《かんとう》一歩を進め、国民的綜合に立脚した全体的協同的な組織を建設することを考えなければならない時期に立っている」。

「支那」新政権の誕生

その時、「支那新中央政権の生誕を迎えて、日本は事変の処理上きわめて光明のある段階に立つにいたった」。これは、一九四〇年、南京に樹立された「汪兆銘政権」のことであろう。汪兆銘は日本に留学していた知日派として知られ、その政権は一般に日本の傀儡政権といわれる。しかし新明によれば、「新中央政権の成立は、事変の部分的な解決を意味するには相違ないが、これがさらに新しい問題を展開させるのは必然的であって、日本の大陸政策は今後ますます多端かつ微妙なものとならざるを得ない」。

日本経済の混乱

「精神総動員が呼号されているが、物価騰貴、闇取り引きの横行、生活的な圧迫の加重によって、国民の行動線は無残といってよいほど歪曲されている」。新明によれば、「現在政府の選択に対しては、自由経済に還帰するか、それとも統制経済を原理的なものとして貫徹するかの二つの道が存しているが、今日の世界の大勢において、自由経済に還帰することは、到底望み得ない。政府としてはただ統制経済を強化するの一途があるだけである」。しかし「財界その他の現状維持的な分子は、これまでも統制経済の原理的な遂行に反対する態度を示して来た。……しかし、この見方は自由経済のみを経済と考え、自由経済が本来歴史的な存続性しかもたないものであることを忘却したところからきたものにすぎない。われわれは経済的混乱の弊を痛感すればするほど、むしろその根柢をなす自由経済そのものを克服することが、先決的であるという観念に導かれるのである」。このように新明は、日本の戦時期、国民を襲った「物価騰貴、闇取り引きの横行、生活的な圧迫の加重」に着目して、その責任を「自由経済」に見て「統制経済」に解決の道を見出しているわけである。

続いて新明は政治に目を移して、当時の新党運動、「政党の分立」をとりあげ、「われわれは昨今では、単一政党の実現ももはや時日の問題にすぎないのではないか、と考え得る情勢に到達している」という。そしてそのためには、「政党は先ずその在来の政党的なイデオロギーを悉く清算してかかる必要がある」と主張する。

こうして、現在の「政治的転換の目標は旧体制の修正に止まるものでなく、これを全的に止揚した新体制を創造するにある。……今日の政治的転換は……体制を全体的に挙国一致的なものに錬成しようとするものである。その目指すところは体制の全体的な転換にある。それは皮相的ではなく、根本的な転換であり、部分的ではなく、組織的な転換である。それは政治だけを対象とする政治的転換でなく、社会の全体的な組織をも転換の対象に包容するものである。……新体制の指導原理として、全体主義又は国民的協同主義の唱えられているのは、この意味に即するものに他ならない」。つまり、政治・経済を含む「全体主義」を主張するのである。

ふたたび歴史に立ち戻って

新明はここでふたたび歴史に立ち戻って「近代の国民社会は国民組織への契機を包蔵していたというものの、これを具体的に実現せしめたものではなかった。十九世紀の支配的な典型となった自由主義は国民的原理を抽象的な個人の複数性乃至多数性の原理に変化せしめ、個人の絶対的な自由活動に中心的な意義を賦与したものである。それは個人が自由に活動をなした場合に自然的調和の秩序が成立すると信じ、個人の積極的な活動を放任すれば自ずから国民の総力的な組織が成立し得るものと考えた。しかし、この活動は実際においては国民的協同を成立せしめないで、却って国民の分立を生ぜしめたに過ぎぬ。……国民組織は擬制的にのみ維持され、実質的にそれは自由競争に基づいた適者生存の恣意的な組織としてのみ存続し得たのである。……これが自由主義下における近代の国民社会の現実である。……ここにおいて近代の国民社会の本来の発展方向に立ち帰って、これを国民組織として再組織しようとする要求が提出されざるを得ないのである。……これこそ現下の政治的転換の基調たるべきものである」。

ナチズムとファッシズム、日本の場合

この後、新明はナチズムとファッシズムを取り上げて、これらは「屢々復古的な運動と誤認されやすいが、これらは自由主義的組織を否定することによってそれ以前の組織に復帰しようとするもので

なく、新しい国民組織の創造を強調する点において歴史的な進歩性を示しているのである」という。「この認識は再組織のために絶対的に必要なものである」。

「明治維新によって日本は封建制度の桎梏を破壊して国民的統一を完成することが出来たが、爾来日本は自由主義を原理として発展して来たため、結局その体制は世界の諸国と同様に内部的分裂の契機を与えられ、動揺と不安定の運命を担わざるを得なかった。……満州事変以来周囲の状況はもはやかくの如き体制の存続を許さなくなって来たがそれでもなお我々はこの体制の根本的な革新を断行することが出来なかったのである。新体制は正にこの根本的な革新を目標とするものに他ならぬ」。明治維新以来の自由主義体制の変革、それが現時の革新のねらいだ、というのである。

大政翼賛会

そこに新明は、当時の大政翼賛会の意義を強調する。「大政翼賛会の本質は改めて説くまでもなく新体制の眼目をなす大政翼賛の国民組織を建設する中核的な推進力として働くところに存している」。それが容易でないことは、「イタリーやドイツの類似的な組織の建設過程について見ても明らかである。……十月十八日翼賛会の発会式が挙げられてからなおその組織は完全に整うまでになっていない。……正直にいって、翼賛会の人事は新体制に多大の期待を寄せていたものに多少の失望感を与えている。……翼賛会の人事は、結局諸勢力の均衡主義によって決定されたものであって、この方針は部局の編成にも、個人の配置にも現れている。……既成政党のすべては夙《つと》に解消を完了しており、……この情勢をもってすると、翼賛会をもって唯一の政治力の結集たらしめようとする本来の主張は逐次実現されつつあるとも観測される。しかし、これに比例して翼賛会が果たしてその政治力を如何なる程度まで唯一的なものとして増強せしめつつあるかは問題とされなければならぬ。……既成政党でさえなお別の形式で今日なお全国的な組織を有しており、革新的政党も思想団体に改変しただけで、その政治的活動を悉く放棄したわけでない」。

この大政翼賛会とは、昭和一五（一九四〇）年に発足した政治組織で、天皇の政治を「翼賛」し奉るという意味である。総裁には近衛文麿総理大臣があたり、道府県支部長は知事が兼任するなど官制的色彩の強い全国組織であった。右で「革新的政党」といわれているが、戦後のような社会主義政党ではむろんない。むしろ右翼的な「革新」イデオロギーの組織と考えるべきである。新明によると、「この組織の目標は全国民をしてその日常生活の職場において翼賛の実を挙げしめ一億同胞をして生きた一体として等しく大政翼賛の臣道を全うせしめるにあって、その組織面は経済文化の各領域に及ぶべきものとされている」。

高度国防国家の建設

「日本を中心とした内外の情勢は、日本がその体制の全般にわたって革新を断行しなければならない時期に際会していることをはっきりと示している。今日ではもはや自由主義体制を絶対的に理想的な体制となし、これを基準として国策的な方向を決定することは許されなくなっている。……しかし現在において我々は自由主義的体制を単に国内的にのみ問題とする立場に置かれているものでない。我々は国際的に国防国家建設の必要からもその革新を迫られているのである。……国防国家建設が現在如何に緊急なものとなっているかは、現在における日本の東亜的世界的地位を一瞥することによって自ら納得されるところである。国防国家建設の必要は満州事変当時からすでに認識されて来たが、支那事変の勃発、その長期戦化とともに益々この要求は明瞭に成って来た。……支那事変はもはや今日では東亜の地域に隔離された戦争ではなく、英米の積極的な援蔣強化によって事実上欧州大戦の一環たらしめられている。……我々に勝利を約束するものは、究極において我々の自力にあり、これを強化するために高度国防国家の完成が促進されなければならないことは自明の理に属している」。

利益第一主義を排する

「国家は時局の急に鑑みて、利潤を認めながらも、利益第一主義を排し、国家的見地から従来の無制限的利潤の原理に斧鉞《ふえつ》を加えようとして公益優先の原理を唱えたものである。これによって従来の組織において可能とされていた過大の利潤が制限されるのはたしかであるが、これは国民が国家目的の達成のため各々責任と犠牲を分担している時代に、堪え得ないものとは主張できない」。……「利潤の制限を以て直ちに生産力の激減を来すと説くものは、革新の国家的な必要を理解することなく、自ら旧体制的な意識を固執していることを表明するものである」。ここで斧鉞とは、「斧とまさかり」であり、「斧鉞を加える」とは、「手を加え、修正する」という意味である。

「昨秋以来展開されるにいたった新体制建設運動は、究極において経済的文化的新体制の樹立を目的とするが、この目的は経済文化の領域において自動的に成就されるものでなく、その動因として政治力の介入を必要とすることは当然予想されるところである。全社会的な新体制が政治的新体制なくして実現されるものでないことは当然予想されるところである。……政府が翼賛会を設立し、先ずその運動の育成に乗り出したのは、政府自ら政治的新体制樹立に基本的な意義を認めていたからであると云わねばならない」。

「新体制の建設が具体化されてからその政治再編成の基調をなすものとして屢々高度の政治性が唱えられて来た。この言葉は近衛首相の声明をきっかけとしてその後一般に使用されるにいたったものであるが」、……「声明は、高度の政治性について二段にわたる説明を与えている。その一つは経済的文化的な国民組織の結成によって可能とされる新しい高度の組織的統合の形態であって、これが究極的な意味で高度の政治性に該当するものであること……、今一つは、此の国民組織を完成するための国民運動の性格として説かれているものであって、その高度の政治性は、これが高度の政治理念と政治意識の高揚を目的とし、旧来の政党運動の部分的利益の立場を超越している点に存するものと見做されている。此処に示された二つの表現は根本において同一の意味に帰着する……」。「政治力の形成が如何に困難であるかということは翼賛会運動の出発以来の歴史によってすでに明かにされているところである。これは官民協同運動の方式が実質的に高度の政治力を獲得する方法的な考慮が肝要であることを物語るものである。政府は政治力の結集において、官僚的指導によって割り切れないものが何処に存するかを確認し、それを処理すべき方策を追求すべきでないか。……重要なのは、高度の政治力の形成をもっと現実的に掘り下げてゆくことである……」。

東亜連盟論

第二部においては、当時活動を開始していた「東亜連盟」を視野に収めながら、「東亜における新秩序」のあり方を論じている。ここで「東亜連盟」とは、かつての関東軍参謀石原莞爾を中心に結成された団体であるが、石原はその頃東条と対立して予備役に編入され、出身地の山形県庄内に住んで独自の思想・運動に取り組んでいた。石原は、「人類史ノ最大関節タル　世界最終戦争ハ数十年後ニ近迫シ来タレリ　昭和維新トハ　東亜諸民族ノ　全能力ヲ綜合運用シテ　コノ決戦ニ必勝ヲ期スルコトニ他ナラス」と主張して、その方針を「一　欧米覇道主義ノ圧迫ヲ排除シ得ル範囲内ニ於ケル諸国家ヲ以テ東亜連盟を結成ス」としていた。(3) 新明は、この東亜連盟の思想に共感したのであろうか、同連盟の「中央参与会員」に推されている。(4)

新明は、前年の近衛声明に言及しながら、「政府は新秩序の建設を以て日満支相携えて政治、経済、文化等各般にわたって互助連環の関係を樹立し、東亜における国際正義の確立、共同防共の達成、新文化の創造、経済結合の実現を期すると述べている。その根幹とするところは、日本が支那の立場を尊重し、支那と一緒になって新秩序建設の任務を分担しようとするにある」と解説している。

さらにまた、「我々は何よりも先に声明の内容が東亜的な連帯に基づいた最高道義の表現だったことを指摘しなければならぬ。その趣旨は、日支共同の目的として東亜新秩序を建設し、相互に善隣友好、共同防共、経済提携の実を挙げようとするにあって、……究極の意図は日満支を通じて互助連環の関係を樹立するにあり、日本は支那の滅亡を願うことなくこれを扶けて強力な東亜の連帯的な組織を造り上げようとするものである」と述べている。

その背景には、汪兆銘等の「三民主義」、つまり「民族主義と民権主義と民生主義を綜合したもの」を想定していたのであるが、その「形成者」は孫文であり、「彼は一方人民に選挙、罷免、創制、議決の四つの政権を与えるとともに、他方政府に司法、立法、行政、考試、監察の五つの治権を与え政府の治権をして人民の政権によって無力化されることなく、十二分にその能を発揮し得るものたらしめようとした」のである。

共産主義の転落

本書の第三部は、「世界政策の新展望」と題して、当時の世界各国の状況について「展望」しているが、ここではとくに「ソ連共産主義の転落」について語っているところを見ることにしよう。先にも見たように、ヨーロッパからの帰りの船の中で「主に唯物史観に関する書物を読みふけっていた」と書いていたように、「ヨーロッパ留学中の後半期ほどマルクス主義に対して積極的な傾斜を示したときはなかった」[5]のである。帰国は昭和六（一九三一）年、ソ連成立は大正一一（一九二二）年年末であり、この論文は昭和一四（一九三九）年の執筆であって、この「マルクス主義」にとって激動の時期を新明がどのように見ていたかに関心が持たれるからである。

すなわち新明によれば、「ソ連の共産主義の転落が何時頃生じたかということを突きとめるのは困難である。……西欧の合理主義や理知主義の色彩の強いマルクス主義はメンシェヴィークによってロシアに輸入されたが、それは一部の知識分子を除いてロシア人にとって完全に支持され得るものでなかった。ロシア人はイデオロギーの如何を問わず西欧人に較べてはるかに理想主義的でありまた活動主義的であった。レーニンの成功は西欧的な共産主義を此の要求に適合した神話的なロシア共産主義たらしめたところに存している」。……「ソ連の呼号する共産主義が内容的に変質し、その国家主義となったのは、共産主義革命の成功を見たロシアの社会的な現実の特性にも起因するものであると考えられる。ロシアの共産主義がロシア的な要素を帯びることは不可避なことである。この変化は、本来の共産主義から見ると転落形態を意味するが、その変化の仕方には自然的なものが存している」。新明によると、西欧人の「合理主義や理知主義」に対して、ロシア人は「理想主義的また活動主義的」であり、レーニンによって導入されたロシアの共産主義は「ロシア的な」性格を帯び、「国家主義となった」のであり、それは「共産主義の転落形態」だというのである。「ソ連がその共産主義の内容を変化させ国家的民族的な立場に自己を還元したとしても、それが必然的に平和的な国家主義や民族主義に成ったわけでない。共産主義の内容的な過激性は矯められたとしても、それが国際的な制覇心を放棄しない以上、他国は依然としてその脅威に曝されることに変わりはないのである」。最近のロシアのウクライナ侵略を思うと、またもや観深いといわなければならないであろう。

しかしそれにしても、「転落」する前の「共産主義」を、この戦時期の新明はどう見ていたのであろうか。「ヨーロッパ留学中の後半期」と同様、マルクス主義に対して「積極的な傾斜」をもって見ていたのであろうか。関連して、「共産主義」と「マルクス主義」との関係をどう見ていたのか、記述からでは明確ではない。

「ファシズムの主唱者」という評価

ところが戦後になって、この時期の新明については、アメリカの日本史研究者キンモンスによって「ファシズムの主唱者の一人」といわれており、そのことついては河村望の応答もあり、論議を呼んだところであった。そのことの重要な論拠として以上見て来た『政治の理論』も取り上げられている。(6)アメリカは第二次大戦の日本の主要な敵国であり、その地から日本の知識人に対して厳しい評価が下されることは不思議でないが、われわれは、ここであらためてこの『政治の理論』で表明されている新明の発言について、考えてみる必要があるだろう。

まず、新明正道の社会学理論体系における位置づけの問題である。先に見たように、新明の社会学理論体系の最後に掲げられているのは、民族とその上に形成される国家、であった。また、特定事例の個別認識は「歴史社会学」であって、「一般社会学」といわば双璧をなすものであった。こうして見ると、『社会学の基礎問題』と『社会本質論』によって築き上げられた新明社会学の理論体系、つまり「一般社会学」の次に論じられなければならないのは、当時の日本社会についての、その頂点をなす民族と国家についての「歴史社会学」だったはずである。新明が「政治の理論」などに収録された時事論文で語っていたのは、この「歴史社会学」だったのであろう。

しかし当時の日本の国家体制は、欧米で一般的にいわれていた概念でいえば、まさに「ファシズム」であった。新明の論述は、それに反対する立場で語られてはいない。当時の日本の状況では、反対する立場での言論などとうてい不可能であったであろうが、アメリカの研究者が新明を「ファシズムの主唱者の一人」と見たのは無理もないことといえよう。

日本の知識人の対応

しかしここで、当時の知識人の時代への対応について、日本教育学会の機関誌『教育学研究』[7]（一九四四年）に掲載されている二人の論文を事例として紹介しよう。一人は京都大学教授、もう一人は東北大学教授である。

前者の論文の表題は「大東亜建設と文教政策」であり、「大東亜建設は……今日特に我国がその中心的な責任に於いて担い立っている世界史的使命である。教育は従ってそれをみずからの具体的な根本的立脚地をそこに見いだすのでなければならない」と課題を提示している。ここでいわれている「大東亜」とは、東アジア、東南アジアの範囲を指し、太平洋戦争期に日本が支配する「大東亜共栄圏」の樹立を目指した地域である。日本の教育は、その点を「立脚地」とするのでなければならないというのである。

後者の論文は「教育政策の世界観的前提」との表題のもとに、近代のヨーロッパの教育が個人の人格形成、個性の開発を目的としているが、それでは「個人の教育的実践よりはるかに超越的な意味をもたざるをえない国家の教育政策的行動の世界観的根拠たりえない」として「東洋特に儒教的世界観」をとりあげ、しかしそれで充分なのであろうかとして、結論的に、「教育勅語によってお示しになって」いるように「皇運を扶翼し奉ることに人間形成の最高の意義を見出す」のでなければならないと述べている。『広辞苑』によると、「皇運」とは天皇の運、「扶翼する」とは「仕事、任務がうまくすすむように、たすけること」とある。つまり、天皇の支配がうまく進むように支援する、それが教育だというのである。

ここに、戦時期の日本の知識人の、時代の趨勢への対応がよく示されているように見える。新明だけではなかったのである。しかしこの二人は、戦後公職追放にはならなかった。この違いはおそらく、新明の言論活動がとくに活発であり、当時社会的に著名な雑誌に掲載されていたのに、後の二者の掲載雑誌は社会的に影響力の強くない学会誌だったからであろう。駐留軍は気づかなかったのかもしれない。この二人のような言論は、戦時期の日本には他にも数多かったに違いない。このあたり、新明はじめこれらの人々の戦時期の言論については、むろん個人の責任ではあるが、しかし当時の日本の知識人の問題として、さらには日本人の、或は日本社会・文化のあり方の問題として考える必要があるように思う。個人の責任による決断ではなく、大勢の動向に従ったのである。

(1)山本鎮雄『時評家　新明正道』時潮社、一九九八年。
(2)新明正道『政治の理論』慶應書房、一九四一年。
(3)東亜聯盟協会編『昭和維新論』一九四二年改訂。
(4)新明正道と東亜連盟の関わりについては、山本鎮雄『時評家　新明正道』時潮社、一九九八年、九五ページ以下、を参照されたい。
(5)新明正道「自叙伝―その2―」『新明社会学研究』第九号、新明社会学研究会、二〇〇四年。

（6）河村望「新明社会学とファシズム」『社会学評論』一四二号、日本社会学会、一九八五年。
（7）日本教育学会編輯『教育学研究』第一三巻第一号、目黒書店、一九四四年。

第七章　戦後の新明正道

東北大学を去る

そして日中戦争から太平洋戦争へと続いた戦時期は、一九四五（昭和二〇）年八月、日本の「ポツダム宣言受諾」によって終わる。日本はアメリカを中心とする連合国の支配のもと、新しい方向へと歩み始めるが、しかし新明自身のおかれた立場としては、占領軍総司令部の公職追放令によって一九四六（昭和二一）年九月、東北大学を去ることになる。

弟子たちの嘆願書

この時の弟子たちの動きを、その中にあった弟子の一人内田隆治の記録によって見ることにしよう。

「昭和二十一年九月二日、公職追放令G項該当の発表によって、正に突然に、師を失った学生たち、特に生還した復員組の苦渋と悲嘆は察するに余りがあった。鳩首協議の末、追放解除と、マッカーサー、総理大臣、文部大臣に陳情することになり、まず嘆願書が作成された」。

「嘆願書　東北帝国大学法文学部　社会学科学生一同代表　内田隆治

私共学生は、祖国の現状と教授の果すべき役割を考えます時、教授の如き眞の民主主義者を大学より失う事の悲しみに堪えず、茲に嘆願書を奉呈し我等の衷情を披瀝したいと存じます……。

教授の祖国愛は、今日の悲惨を祖国に招いた軍国主義者、国粋主義者の独善的利己主義的祖国愛では無くして、人類社会の立場に立っての人類愛を内包する祖国愛でした……。

一例を引けば、戦時中、言論報国会理事の地位を一方的に与えられました。これは政府が教授の学識と実践力とによる国民の声望を利用せんとしたものと思われます。教授は招請に応じて理事会に数度出席されたけれど、会の余りに国家主義的な雰囲気に驚かれ、かつ落胆されて、以後は出席を肯んぜられなかったのであります……。

教授の研究は、常に理論と実践との綜合に於いて、脈々たる生命を持って我等を啓発されたのでありま す。そしてそれは、教授の重厚なる人格と相俟って、学生の熱烈なる敬愛の中心でありました……。

我等教授を師と仰ぐ学生一同、教授を失う悲しみ、嘆き極まる処無く、衷情凝って、閣下の御温情ある御援助による再審査の御配慮賜り度く、茲に、失礼をも顧みず文書を以て懇願致す次第であります。」

「この嘆願書は、追放令発表のあった月の裡に、宮城軍政府司令官のセッション中佐に手渡し、マッカーサー総司令官への上申を依頼した……」[1]。しかし、占領軍総司令部による公職追放は、容易には解除されなかった。

内田隆治の思い出の続き。「……先生も去った教壇に誰を迎えるかは私達には緊急時だったが、下馬評に上る人は可成りあったが一人も実現しないまま月日を経るだけであった。そこで先生に無理にお願いして、講読や研究集会をやって戴くと、直ぐ、先生が研究室に来られる事も、学生と接触する事も禁ずる指令がでる始末で、先生宅の洋室の入り口に掲げた堀井先輩筆の『東北社会学研究会』の表札も取はずしを要求される厳しさであった」[2]。

東北社会学研究会と『社会学研究』誌の刊行

森博の「社会学研究室小史」[3]には、この頃の実情について、次のように記されている。「もちろん先生は学外に去られても引き続き学生の指導に当たられ、しばしば自宅で講義をされている。研究室には助手として佐々木徹郎、特別研究生として牟田口義郎・鈴木幸寿・谷田部文吉の諸氏が残ったが、佐々木助手の研究室日誌によれば『(二十二年)二月十八日、火、晴、第一回社会学史講義。出席者十五名』とある。講義が終わると奥さんのふかしたサツマイモの接待に学生たちは舌つづみを打った。これと並行して同年二月十日『東北社会学研究会』が結成され、在校生たちも自主的に講読や発表会をもっている」。

森博の「社会学研究室小史」の続き。「同じく日誌から――『二月十日(月)晴、九時、第一回演習、報告者高橋健輔、労働組合の歴史、出席者十一名』、『十三日(木)晴、十時半、講読高田保馬社会学概論、担当坂本、出席者十三名』、『二十日(木)晴、高田社会学講読、担当松村、出席八名』、『二十四日(月)晴、第三回演習報告者高橋、出席十二名。来学期の担当者及題目割当を行う』。また「相談会もたれ『二月九日(土)晴、本年第一回相談会開催、出席者十三名、議題(1)新明先生に関する運動今後の方針　(2)後任教官決定促進に関する件　(3)今後の勉学方針並びに時間割の決定　(4)社会学科所要資金調達の方法に関する件』などが討議されている」。そして、このような研究会の発展上で、「昭和二十五年五月には、坂本行蔵、内田隆治氏らの積極的助力をえて機関誌『社会学研究』が刊行されるに至った。会長には新明先生が推され、内田氏が機関誌発行の任に当たって、……日本社会学の『社会学評論』に比肩しうる内容と実績を誇っている」。この『社会学研究』誌は現在も継続刊行されており、最新刊は、二〇二二年、第一〇七号となっている。

その後の東北大学文学部社会学研究室の発展については、この「社会学研究室小史」の続きを参照されたい。なかに「研究室移転」の記事などに混じって、昭和二二(一九四七)年の新入生歓迎会(市内向山東洋館)の席で「いつも学生たちからさされるままに盃をあけて決して酔ったことのない先生が、電燈が三つに見えるというほど大酔し」、この年新入生だった先生のお嬢さんの「洋子嬢が驚いて『お父さん、お父さん』と懸命に抱き止められた」という「エピソード」や、あるいは新明先生の留守を預かっていた宗教学の石津教授が、「社会学科はまことによきゲマインシャフトであり、文学部内まれにみるうらやましいゲノッセンシャフトをなしている」と語られたということばなども書き残されている。

新明の東北大学復帰、東北社会学会設立

「社会学研究室小史」の続き。「こうして待ちに待った新明先生は二十六（一九五一）年十一月ふたたび教壇に立たれ、『社会学史』の講座が法文三番教室で開始される」。追放解除である。「期待していただけあって教室は満員の盛況。そして翌二十七（一九五二）年四月からいよいよ本格的な概論、特講、学史および演習が行われる。歴年の講義題目をひろうと、特講が政治社会学、与《ママ》論と公衆、階級および大衆社会、リーダーシップなど、演習は家族、社会と文化、階級、地域社会、民族などがある」。

そして「二十八（一九五三）年十月、昭和九（一九三四）年から十九年ぶりで再び日本社会学会の第二十六回が本学で開催、会員百十余名の参加のもとに華やかに行われ、さらに大会の翌日の十月十日多年の懸案であった『東北社会学会』が『東北地方に居住するもので、社会学研究者および社会学に関心を有するもの』によって『会員の協力により社会学の研究を促進し、その発達普及を図ることを目的』に創立され、日本社会学会の支部学会として発足した。役員には新明先生が会長に推され、庶

務委員竹内利美氏（教育学部社会学教授）、対馬貞夫氏、会計委員菅野正氏、監事内田隆治氏のほか各県に一名の地方委員が選出された」。こうして、ようやく東北大学文学部とともに、東北地方の社会学研究者の公的な結社としての東北社会学会が結成されたのである。

しかし、『東北社会学会会報』が発行されたのは、やや遅れて一九五五年のことだった。ガリ版刷りの小冊子である。そこには会長新明正道が「会報発刊に寄せて」を書いているが、それには「東北社会学会も今度からいよいよ会報を発行する運びになったのは喜ばしい。東北社会学会は、昨春創設されてからすでに大会を二回も開いているが、会報の発刊だけはつい今日までのびのびになっていて、会員相互の研究上の連絡や、親睦のために不便を感ずる点が少なくなかった。今後はぜひとも定期的に会報の発行を続けてゆき、出来るならこれを通して新会員を東北各地に獲得するように努力したいものである」とある。これで見ると、一九五五年の会報に「昨春創設されてから」とあるので、創設は一九五四（昭和二九）年のことのようである。右に見た「研究室小史」の「二十八（一九五三）年十月」の日本社会学会大会の「翌日」創設という記載とは一年合わない。しかし、先に見た「社会学研究室小史」には、「昭和二十九年……六月五日、東北社会学会第一回大会が本学で開催」との記事もあるので、推測になるが、先の「研究室小史」に記された昭和二八（一九五三）年とは、日本社会学会大会に参加した東北関係者が相談して東北にも社会学会を作ろうと協議決定した集まりのことではないか。そして、翌一九五四年に実際に東北地区の社会学者が東北大学に集まって、第一回大会を開いたのだろう。

新明の「会報発刊に寄せて」に戻ると、東北社会学会発足時まだ東北地方は、「会員数から見ると、日本社会学会の地方支部のなかでは一番貧弱で」あって、「それだけ私たちには、社会学の研究調査を進めると同時に、社会学に対する一般の関心をも高めてゆくことが肝要である」とされている。しかし昭和三五年五月付の東北社会学会「会員名簿」には、新明会長を含めて六八人の会員が記載されている。ただ、地方学会発足が遅れたことは事実のようで、日本社会学会機関誌の『社会学評論』第13・14号には、記事として、関東社会学会第一回大会（昭和二八年）、関西社会学会第四回大会、西部社会学会第一一回大会の記録が掲載されている(4)。これで見ると、九州大学など九州諸大学の「西部」学会が大変早く創立され、続いて名古屋大学や神戸大学などを含む「関西・東海地区」の地方学会が設立・活動を開始して、関東はやや遅れたもののようである。だから、昭和二八年に「『東北社会学会』が……創立」決定されたのは、たしかに「懸案」だったのであろう。

(1) 内田隆治「『社会学研究』成立史―続　創刊思いつくまま―」、菅野正他編集委員会『社会学研究新明正道先生追悼特別号　新明社会学とその周辺』東北社会学研究会、一九八五年。
(2) 内田隆治「創刊思いつくまま」、上掲、菅野正他編集委員会『社会学研究新明正道先生追悼特別号　新明社会学とその周辺』東北社会学研究会、一九八五年。
(3) 森博「社会学研究室小史」、上掲、菅野正他編集委員会『社会学研究新明正道先生追悼特別号　新明社

会学とその周辺』東北社会学研究会、一九八五年。
（4）日本社会学会編『社会学評論』第13・14号、一九五四年、二〇一～二〇六ページ。

第八章　『国民性の改造』

新明の見た戦後日本社会の「改造」

さて、以上見て来た戦中から敗戦後、日本社会にとっても新明自身にとっても激動の時期を、新明はどのように見たのであろうか。そのことを、新明の著書『国民性の改造』[1]によって知ることにしよう。この著書は、まさにその頃、一九四八（昭和二三）年の刊行である。

この著書の「第一　問題の意義」を新明は、「敗戦によって軍国主義的体制が崩壊するとともに、われわれはその久しい重圧から解放されて民主主義によって国家を再建する方途を指示されたが、国民は民主主義について知識的にも十分な理解を欠いていたほどで、民主主義的訓練にいたっては全く経験がなかったところから、すぐに立上がって再建の要請に応ずることは出来なかった。戦争が終わってから、国民は民主主義を実現するために、今日にいたるまで悪戦苦闘を続けて来たが、その足取りはけっして一直線ではなく、ジグザグに進んでゆく登高者を想わせるような難渋さを示して来たものである」と書き起こしている。

そして、「必然的にわれわれは民主主義が国民性といかなる関係に立つものであるかを決定する必要に迫られた」。なぜなら、「歴史的に形成されたものとして見るかぎり、わが国民性に近代的要素の欠けていることは否定し難い事実であって、おのずからその民主主義との関連も又希薄であるといわなければならない」からである。

日本における民主主義

「国民性の改造が漠然としたかたちにおいてではあるが、最初に問題とされたのは、大正の末期である。当時は第一次世界大戦の後を承けて民主主義が世界的に喧伝された時期にあたっていたところから、わが国にもこの思想が伝来し一時その勢いはすこぶる盛んなものであった。……しかし、当時においては実際のところ国民性の改造も示唆的な程度以上に積極的に唱えられたものではなかった。……昭和初代に入ってマルクス主義運動が弾圧のもとに潰滅してからは、民主主義も亦葬られ、しばらくは国民性の改造も問題とされる機会を有つことは出来なかった」。

「終戦後民主化の過程が始まると同時に提唱された国民性改造の主張に、従来のそれとは異なって多数の支持者を見出し、これに対する社会的関心の範囲も亦広範であるところに特徴を有している。……敗戦が晴天の霹靂の如くに予期されなかったものであっただけ、国民が茫然自失して虚脱の相を示したのは避け難いことでもあった」。

国民性改造の必要性

「終戦以来、わが国では民主主義を原理としつつ経済、政治、文化の各領域にわたって幾多の変革が推進されて来た。経済の領域では農地制度の改革、財閥の解消、労働組合の再建が断行され、政治の領域では新憲法の制定が進められ、国民主権を土台として男女同権を含んだすべての国民の平等が保持されることになった」。

「しかしながらわれわれが自己の再建への心構えをさらに深く反省してみると、制度の改革は進捗しているにもかかわらず、精神のなかに空虚の存していることは否定出来なかった。……その必然の結果として、制度は改革されても、その内容には生命的な根強さが缺如しており、期待されたような機能は発揮されていないのである。……こうした現象が発見される根因は、制度が着々民主化されているのに、これを支持する国民の精神がこれと同一程度に民主化されるまでになっておらず、依然として民主主義以前の旧態が持続されているところにある」。「これを克服するには、国民性を直接対象として、これを根柢から改造することが不可欠とされて来るのである」。

基礎は国家でなく民族的特性

こうして新明は、「第二　改造の可能性」を求めて、次のように語る。すなわち「国民にとって基礎的な意味を持つものは、国家の如き目的社会ではなくて、端的に云えば基礎社会としての民族である」。……「民族性」こそが「国民性の実質」をなすのであって、「国民性はこの構成によってあらゆる他の社会的特性に優越した独自の意義を獲得する。それは第一に後者に対して基礎的かつ根源的な決定性を有する社会的特性として特徴づけられる。……第二に他の社会的特性に対して相対的に不変的であり持続的であることによっても特徴づけられるものである」。……「国民性は社会的特性のなかでももっとも有力なものであって、おのずからその伝統の持続性はきわめて強固であるが、しかし、それはけっして不変不動のものではない」。

こうして新明は、「第三　国民性の反省」として、「われわれの国民性が近代国民の性格として重大な欠陥を包蔵していることは、敗戦後今日にいたる国民生活の実相が明らかにしているところである。軍閥官僚の支配から解放されて自由な人格として行為しうる條件を与えられたにもかかわらず、国民はその行動において自主的国民にふさわしい相貌を明示してはいない」と指摘し、さらに「第四　国民性論批判」として、当時論じられていた様々な議論を紹介批判した上で、「わが国民性の特徴と考えられて来たもの」の「主要なものは、大体において……忠誠心、和の精神および現実主義の三つに帰着する」として、なかで現実性について、「わが国民の現実主義は人格的自覚を欠いていたところに、近代ヨーロッパの現実主義とは基礎的に異なったものがある」と指摘する。これは、新明自身の戦時期における言論の反省だったのではなかろうか。

民主主義の原理の実現こそ

そして、今後の課題として、「変革のなかでもっとも重大な意味を有つものは、いうまでもなく民主主義の原理が徹底的に実現されて国民が主権者と成り、その総意が国家における最高の意志と決定された点に存している。民主主義は国民社会の近代的発展において国民が人格的に自覚し主体性を獲得したところから要請されるにいたった原理であって、国民をもって社会の究極的な決定者とし、その勢力をもって政治的勢力の根源たらしめようとするところにその目標が置かれている」という。このようにいわれると、戦後の日本の「国民性の改造」が、そこまで達しているかどうか、まことに反省せざるを得ないと思う。新明も、先に挙げた「三つの特徴」が「近代的視野において見た場合、人格的自覚による基礎付を欠いており、その消極的な性格は唯国民の弱さを表現するにすぎないものであるが、過去においては歴史的に全く無価値のものだったわけではない。それはこの形態においてなおわが国民の統一と発展を可能とする支柱をなして来たものである」。……「われわれはこの観点からわが国民性の具体的方向を忠誠心、和の精神、および現実主義の改造にあると考えるものであるが、……この目標を追求するにあたっては、先ず在来の国民性論の内容をなしてきた旧式の観念を批判的に克服して、その国民に対する支配力を排除することが先決的に必要とされるものである」とする。

さらに「第五　改造の諸途」として、「国民性の改造は外部的な制度の改造を越えた人間の内部的な精神の改造を要求するものであって、そこに国民性の改造が制度の改造よりもはるかに改造として根本的な意義をもつ理由が存する」という。こうして「民主化をもって世界史的に必然の傾向と肯定し、これをもって再建の原理たらしめた以上、われわれは民主主義の猿真似におわることなく、あくまで眞に生きた民主主義をわれわれのなかに植えつけなければならぬ」と結論づける。敗戦後七〇年を越えた今、このようなけれん味のない、真当な自省の言葉を聞かなくなっているのではないか。このことばをうけとめて、新明正道の著書を読み直す作業を終えることにしたい。

(1) 新明正道『国民性の改造』有恒社、一九四八年。

IV　社会調査

第九章　東北大学における社会調査の始まり

「基礎問題」や「本質論」の時代

今日、社会学といえば、その研究方法として社会調査を見落とすことは出来ないであろう。多くの社会学者は、私（細谷）自身を含めて、社会調査を重要な研究手法として採用している。だが、新明自身の著書のなかに社会調査によったものは見当たらない。新明は社会調査は行わなかったのだろうか。

そこには、法学部政治学科の出身で、社会調査というものに、早くから触れる機会がなかったという、新明の経歴が関わっていたであろう。しかし今日では、多くの政治学者が社会調査を行って、政治の分析を行っている。ただ新明が学んだ頃はどうだったのであろうか。また、新明が社会学の分野に移った頃、社会学は、まだ学問の世界で法学、経済学、政治学などの社会諸科学とならんで市民権を確立しておらず、一人前の学問分野として承認を受けるために、社会学とは何かが主要な論点となっていたことが挙げられるのかもしれない。だから社会学の「基礎問題」や社会の「本質論」など、社会学のいわば「そもそも論」が必須の課題になっていて、その点を欧米学界の学説を導入して検討することが重要な課題になっていたのであろう。

しかし、東北大学文学部社会学科で社会調査が行われなかったわけではない。その始まりは、どうやら、新明の公職追放で東北大学に不在の期間中だったようである。

新明の公職追放中、社会調査の始まり

田野崎昭夫によると、新明の公職追放中、「社会学の教務関係、研究室関係は宗教学の石津照璽教授が兼務され、主要な講義については、清水幾太郎学習院大学教授、続いて林恵海東京大学教授が兼任されていた」。「そして、社会調査については、林恵海教授が文部省の科学研究補助金を申請するよう指導して『農業家族における妻の地位』(個別研究『東北農村家族の妻に関する社会学的調査研究』)を研究課題に認可されて研究室の当時のスタッフと社会学専攻学生が調査を遂行したと聞いている」とある。(1)

田野崎の記事の続き。「このようにして東北大学文学部社会学研究室の社会調査の仕事も軌道にのり、私が大学院に進学して研究室のスタッフの一人になった頃は、農村から漁村へ対象の焦点が移っていた。それは多分に教育学部の教育社会学や社会教育学における田辺寿利教授や竹内利美教授の助言の影響によるところがあったように思われる。それが、一九五三年(昭和二八年)夏の宮城県女川町における塚浜部落の菅野正、斎藤吉雄、森博氏たちによる調査、竹の浦部落の田原音和氏と私たちによる調査、翌年夏には離島江島部落の斎藤吉雄、鈴木広氏たちによる調査と竹の浦部落の継続調査が行われ、これらは、『社会学研究』第一〇号、一九五五年（昭和三〇年）六月の特集『漁村の調査研究』の諸論文[2]にまとめられたほか、竹の浦調査は調査の秋、戦後はじめて東北大学で開催された第二六回日本社会学会大会で田原・田野崎によって研究報告され、『社会学評論』第二〇号、一九五五（昭和三〇年）四月に田原音和・田野崎昭夫『漁村の階層構成─三陸沿岸の一漁村について─』[3]として論文にまとめられている。これら漁村調査には新明教授も現地に赴いて概況調取等されているが、科研費の申請時から全面的に直接関与されたわけではなかった」。

町村合併の調査

田野崎の記事の続き。「新明正道氏が、東北大学教授に復職して明確に自らの課題をもって、社会調査を指導し実施したのは、一九五五年（昭和三〇年）からである」として、そこに引用されているのは、『社会学研究』第一七号に寄せた新明の以下の記事である。「わが研究室が地域社会の調査研究に本格的に乗り出したのは、昭和三十年三月のことであった。直接的にその刺激をなしたものは、当時わが国の全体にわたって推進されていた町村合併であって、これによってわが国の市町村は画期的に変更を余儀なくされつつあり、このさなかにあって新市町村がいかにこの事態に対処し、合併によって誘発された諸問題を解決してゆこうとしているかということは、学問的にもわれわれの研究的な関心を強く呼びおこしたものであった」。この新明の文章には、田野崎が次のように続けている。「このようにいわゆる町村合併を契機として地域社会の調査研究を本格的に志向するという姿勢は、新明正道氏が政治学を専攻して政治および行政への関心がもともと深かったところからも首肯できるところである」[4]。この解釈はおそらく正しいであろう。新明がはじめて社会調査に取り組んだのは、まさに政治・行政の問題だったからなのである。

こうして東北大学社会学研究室においては、「新明正道教授を研究代表者として昭和三〇年(一九五五年)四月から昭和三二年(一九五七年)三月までの二年間に試験研究『地域社会の変動過程―町村合併を契機として―』についての社会調査が実施された」。この調査の結果は、『社会学研究』第一一号に掲載されている[5]。「この研究課題の第一年次(昭和三〇年度・一九五五年)は宮城県白石市、山形県鶴岡市の加茂町、および酒田市、福島県相馬市および新地村を対象として実施したが、これらのうち最も大規模でその成果をある程度組織的にまとめたのは白石市の調査である」。……これが「東北大学の社会学研究室としては、はじめての本格的な大規模調査という意味から、いわば社会学研究室の『総力をあげて』の調査であった。この点において、この調査は『新明社会学』にとって大きな意義をもっているということができる」。……「この調査の成果は『社会学研究』第一一号の『特集　町村合併と地域社会』一九五六年四月としてまとめられている。新明正道氏以下、……この特集の執筆者には名前は出ていないが、家坂和之、対馬貞夫両氏を含めて、当時の社会学研究室全員が参加して新市を形成した旧七町村をそれぞれ分担調査するとともに、全市にわたる態度調査作業に社会学専攻学生も参加協力して総勢四四名によって五一四票の調査票を集めて集計分析することもできた点でも画期的な事であった」。

調査員としての参加

ここで私事にわたって恐縮だが、私（細谷）は、この年、東北大学の教養部から三年生として文学部社会学科に進学して、この白石市の調査に調査員として参加した。この昭和三〇年の日記から、調査した日々を引用してみよう。

「八月二十五日（木）午後一時　研究室に行き、明日からの調査打ち合わせ、S君と二人で二十六→二十八の午前にかけて八宮《やつみや》、大網、弥治郎《やじろう》、鎌先《かまさき》、芹沢をまわることになった。ゲルは二人で二〇〇〇円あずけられる。夜準備、すっかり山行きの服装で行く事にする」。

注釈をつけ加えると、右に記録されている八宮以下の固有名詞は、この時白石市に合併した旧福岡村に属する集落名である。このうち有名なのは弥治郎、こけしの産地である。これらは蔵王山麓の村々で、白石の町からぐるっと一回りして来て三、四里（一二〜一六キロ）ほどの山道。だから山行きの服装で行こうとなったわけである。宿は途中の鎌先温泉だけである。その他にはない。つまり農家に泊めてもらえというわけである。一人四泊千円で、である。近ごろの学生諸君で、こんな条件で調査員として参加する人はいるだろうか。

「八月二十六日（金）朝八時半出発……福岡村役場に寄って、いよいよ二人ずつに分かれる。午前、Kという八宮東区長宅にゆく。親切な人。その息子がたまたま対象者になっていたが、これもいい人。その人の親切な案内で、この部落は今日中に皆終わる」。

「八月二十七日（土）Kさんの説明で予定変更、まず芹沢による。ついで大網、このあたりまではよかったが、（ことに東区、それに芹沢あたりはいい人が多い）弥治郎はいやな所、全くまいった。鎌先泊まり、ここの区長代理も親切にやってくれる。木村屋旅館に泊まる。ぎゃくたいなり。仕方なし一人三〇〇円にねぎったんだから」。

「八月二十八日（日）鎌先の下の方一ケースやってきのう不在だった芹沢の人一人とるため芹沢にまわる。予定より早く十一時半ころ長袋につく。午後→夜、四ケース。ここでやる。バンは農協の部屋に泊まる」。

「八月二十九日（月）朝一ケースやり、他は昼へ移し、午後になって長袋をたち、白石へ。夕方五時半の汽車で仙台へ。長いようで短いような四日間だった。実にいい経験。農村の本当の姿がわかりかけた様な気がする。その固定性、全くひまのない、従って考えるということのない生活。……とにかくこの経験は全くえがたいものだった。これを今後になんとかして生かそう」。

「八月三十日（火）午前、調査票整理。午後それを持って研究室へ(6)」。

いくら当時でも、預けられた金額は、二人四泊、つまり八泊分で二千円とは安いだろう。農家に泊めてもらう交渉も、その場でお願いである。交通費なしで、四日間歩き通し。しかし初めての農家生活に触れて「実にいい経験」という感想である。「その固定性、全くひまのない、従って考えるということのない生活」とは実感だろう。ここに、当時よく語られた「封建的」という感想がないことに注目したい。つまり、そういう先入観なしの実感なのである。

釜石調査

この後、私は大学院に進学して、社会学研究室が実施する社会調査に参加することになるが、そのなかでは、当時、富士製鉄株式会社の釜石製鉄所がおかれていた釜石市の調査が学会の注目を浴びた。再び田野崎の思い出の記。「新明教授に従ってわれわれが釜石を訪問したのは、一九五七年九月であった。釜石市役所では鈴木東民市長に挨拶し、釜石製鉄所では佐山励一所長に挨拶して、新明教授は調査研究の趣旨を説明されて調査への協力を依頼してそれぞれ諒承を頂いた」。両氏ともそれぞれに新明教授とは旧知の間柄だったらしい。

この調査を担当した社会学研究室のメンバーは、田野崎昭夫を中心に、鈴木広、小山陽一、吉田裕の四人であった。田野崎は、旧制大学の特別研究生、鈴木、小山、吉田の三名は新制大学院の博士課程だった。私（細谷）はやはり新制大学院の修士課程一年生で、調査に当たっての各種仕事の助手役だった。面接調査に当たる学部学生の現場監督的な仕事などである。

田野崎の記録によると、一九五七年度予算による調査だったから、次のように年度内に急いで仕事が進められたようである。

「一月八（月）《ママ》、九（木）、一〇（金）日

釜石予備調査　予め分担して作成した調査項目を集成した調査票で予備調査を行うとともに、有権者名簿から調査対象者（標本）の抽出作業を行った。

一月一三（月）日

釜石本調査票の質問項目の決定と編集。

一月一四（火）日

釜石本調査票の印刷。調査票そのものの作成には、鈴木広氏のアルバイトで習得したというガリ切りの技術が大いに役立った。調査スタッフが夜おそくまでかかって作業してできた手作りの調査票で経費が節約できた。

一月一六（木）日

調査参加学生への説明会。

一月一七（金）、一八（土）、一九（日）、二〇（月）、二一（火）日釜石本調査。釜石市民の連担市街地区有権者二八、一七五名から抽出した四七二名の対象者に質問調査して四一四名から回答調査票を得ることができた。調査員はスタッフ四名と社会学専攻学生一二名の計一六名で遂行された……」。

この調査は、一九五八年六月七、八日に福島大学で開催された第五回東北社会学会で田野崎、小山、細谷、吉田の五名によって報告され、論文としては、新明正道・田野崎昭夫・鈴木広・小山陽一・吉田裕の連名の論文「産業都市の構造分析」として発表されている。(7)

新明正道の停年退官

新明正道の東北大学停年退官は、一九六一（昭和三六）年三月、六三歳だった。最終講義は「一月二十八日午後一時半から文学部八番教室で……行われ、石津、細谷教授をはじ各教授、学生のほか遠く新潟、秋田からも門下生が集まり、出席二百名が二時間にわたり『私の社会観』を聴講した。内容は社会思想と社会学、トルストイのヒューマニズムからはじまり、『何のための学問か』の問題意識重要性を強調、最後に『年齢的には停年であるが私の研究はまだ未完である……』と結び、拍手に送られて講壇を降りた[8]」。時代が違うからご理解頂けると思うが、右の「細谷教授」とは、この本を書いている私ではない。父親である。念のため。

新明正道は東北大学退官後、明治学院大学教授、中央大学教授、立正大学教授、創価大学教授を歴任している。東北大学文学部社会学研究室のメンバーも、それぞれに自分の研究教育の場を見出して新明の伝統を継ぎ、それぞれに学説・理論研究を行うと共に、社会学分野一般の動向に従って調査研究を行っている。

恐縮だが、私自身のことに触れさせて頂くと、研究室を出てから、私は調査研究としては、農村を中心に社会調査に携わってきた。なかでも、菅野正先輩と田原音和先輩と一緒に歩いた山形県庄内地方稲作地帯の調査が思い出深い[9]。が、この三人とも、学説研究を行わなかったわけではない。菅野先輩はマックス・ウェーバー研究[10]、田原先輩はデュルケーム研究[11]であり、私はマルクスだった[12]。

そして、農村の調査研究の若い研究者たちの求めに応じて、私が語ったのが、先に第三章で引用した「何故、如何にして」という課題追求の方法だったのである。そして、右に述べたように学説研究については、共同研究者の三人が、それぞれ別の研究対象に対して独立に研究を行いながら、調査研究においては緊密な共同研究を行って来た。このことからも分かるように、学説・理論研究と調査研究は、それぞれ別個の研究であって、学説・理論研究から学んだものを直接に調査研究に応用するというものではない。調査研究は、それ自体独立の研究分野であって、対象の人々と語り合うなかで、その人びとの生活と行動について、「何故、如何にして」を追い求めるものなのである。

このように、新明に学んだ学説研究と弟子たちが行った調査研究とは、それぞれに深めるべき独立の研究であって、一方が他方に依存ないし従属するものではない。学説研究と調査研究とは、結びつきがあるとすれば、それはもっと深い地層においてなのであろう。東北大学文学部社会学研究室で私が学んだのは、このようなことであった。「新明正道の社会学―東北大学文学部社会学研究室の出立―」をテーマとする本書はこのあたりで幕を閉じることにしよう。

(1) 田野崎昭夫「新明社会学と釜石調査(上)」『新明社会学研究』第九号、新明社会学研究会、二〇〇二年、五二ページ。
(2) 菅野正・森博「地先漁業村の部落構造」、田原音和・佐々木交賢・白土吉太郎「漁村における階層と親交圏」、斎藤吉雄・鈴木広・加藤恒子「漁村共同体の分析」、『社会学研究』第一〇号、一九五五年六月、の特集「漁村の調査研究」。なお、この『社会学研究』第一〇号には、佐藤政雄「日本海沿岸漁村の生活構造」も掲載されているが、この佐藤論文の調査は、新潟大学学生の協力で行われており、別の調査企画であろう。
(3) 田原音和・田野崎昭夫「漁村の階層構成―三陸沿岸の一漁村について―」『社会学評論』第二〇号、一九五五年。
(4) 新明正道「はしがき」(「産業都市の構造分析―釜石市を手がかりとして―」)、『社会学研究』第一七号、東北社会学研究会、一九五九年。
(5)『社会学研究』第一一号(特集　町村合併と地域社会)、東北社会学研究会、一九五六年。

（6）一九五五年の私（細谷）の日記の記録。
（7）新明正道・田野崎昭夫・鈴木広・小山陽一・吉田裕「産業都市の構造分析」『社会学研究』第一七号、「特集　都市調査研究」、一九五九年。
（8）森博「社会学研究室小史」、菅野正他編集委員会『社会学研究新明正道先生追悼特別号　新明社会学とその周辺』東北社会学研究会、一九八五年。
（9）菅野正・田原音和・細谷昂『稲作農業の展開と村落構造―山形県西田川郡旧京田村林崎の事例―』御茶の水書房、一九七五年。菅野正・田原音和・細谷昂『東北農民の思想と行動―庄内農村の研究―』御茶の水書房、一九八四年。細谷昂『家と村の社会学―東北水稲作地方の事例研究―』御茶の水書房、二〇一二年。細谷昂『庄内稲作の歴史社会学―手記と語りの記録―』御茶の水書房、二〇一六年など。
（10）菅野正『現代の官僚制』誠信書房、一九六九年。菅野正『ウェーバーと近代化論』恒星社厚生閣、など。
（11）田原音和訳『デュルケーム　社会分業論』青木書店、一九七一年。田原音和『科学的知の社会学　デュルケームからブルデューまで』藤原書店、一九九三年、など。
（12）細谷昂『マルクス社会理論の研究　視座と方法』東京大学出版会、一九七九年、など。

終わりによせて

ここまで書いて来て、原稿を現在の東北大学文学部社会学研究室のスタッフの皆さんに見て貰った。そうしたら、研究についてはきちんと書いてあるが、「新明先生の教育者としての側面（教育者としての功績あるいは功罪）についての記述がありません」という指摘を受けた。自分で振り返ってみて、全くその通りだと思う。私は返事として、「教育者としての側面は、むろんあったのでしょうが、しかし、研究者であるあり方が、無言のうちに教育になっていたのであって、それを独自に取り上げるのはむずかしい、むしろ取り上げない方が新明先生らしいように思います。新明先生のよく引用される色紙に書いた格言、『偉大な真理は批判されることを欲し、偶像化されることを望まない』は、まさにそのことを物語っていると思います」と書いた。

少し敷衍しよう。私自身の記憶として、いわゆる教育技術的な意味で、新明先生が社会学教育について行ったり、語ったりした記憶は全くない。例えばゼミの際、報告者の報告が終わると「ま、そんなところでしょう」と仰って、あとはゼミの参加者相互の討論に入るという風だったように記憶している。この言葉の意味は、今から振り返ってみると、その日のテーマの、例えばパーソンズが「そんなところ」なのではなくて、報告者の某君の理解するパーソンズは「そんなところでしょう」と締めくくったのだろう。だから、この一言は、当の報告者がどう理解したかは分からないが、実は大きな教育的意味を持っている一言だったのだと思う。そしてこの先生の締めくくりの後の、ゼミ参加者相互の自由な討論のなかで、報告者のパーソンズ理解についても誤りや難点の指摘もなされ、それが参加者にとって大きな勉強になるのだった。

また、右に紹介した色紙のことばは、自分が「偉大な真理」を示しているというのではなくて、むしろ自分は「偉大な真理」を追い求めているのであり、そのためには「批判されることを欲している」という意味だったと思う。つまり、このことばも、相互討論、相互批判こそが「偉大な真理」追求のための近道であるという意味に理解すべきなのだろう。

だから「偶像化」することは厳に慎まなければならない。そこで私が思うのは、新明先生が社会調査にあたって取り上げたのは、第九章でみたように「町村合併」であったが、それは、田野崎がいうように「いわゆる町村合併を契機として地域社会の調査研究を本格的に志向するという姿勢は、新明正道氏が政治学を専攻して政治および行政への関心がもともと深かったところからも首肯できるところである」。先にも述べたように、この解釈はおそらく正しいであろう。新明先生が町村合併をテーマに、はじめて社会調査に取り組んだのは、まさに政治・行政の問題だったからなのである。

他方、戦時期、精神総動員の呼号のもとで、「闇取り引きの横行、生活的な圧迫の加重」に着目している。しかし、そのなかでの農山漁民や労働者の暮らしがどうであったか、についての言及はない。

ここでも問題は政治・行政のあり方として認識されていて、一般庶民の労働や生活への追跡はない。社会調査は行わないからである。

ここに、新明先生の社会学の残された課題があったのだと思う。そしてそれは、新明先生の不在中の非常勤の先生方のアドバイス、そして研究室の先輩たちの努力によって築かれて行った。それを新明先生は、「社会調査をやりなさい」といって励ましていた。こうして、理論ないし学説研究と、社会調査による実証研究との二本足の、東北大学文学部社会学研究室の伝統が築かれたのである。

著者紹介

細谷　昂（ほそや　たかし）

略歴

一〇三四年八月　生まれ
一九五三年四月　東北大学文学部入学（教養部）
一九五五年四月　東北大学文学部（社会学専攻）進学
一九五七年三月　東北大学文学部（社会学専攻）卒業
一九五七年四月　東北大学大学院文学研究科（社会学専攻）修士課程入学
一九五九年三月　東北大学大学院文学研究科（社会学専攻）修士課程修了
一九五九年四月　東北大学大学院文学研究科（社会学専攻）博士課程入学
一九六二年三月　東北大学大学院文学研究科（社会学専攻）博士課程退学（所定年限在学し所定単位を取得したため）

職歴

一〇六二年四月　東北福祉大学社会福祉学部講師（都市農村問題、社会調査法担当）
一九六三年一〇月　東北大学講師川内分校（社会学担当）
一九六四年四月　東北大学講師教養部（社会学担当）
一九六六年二月　東北大学教養部助教授（社会学担当）
一九七七年四月　東北大学教養部教授（社会学担当）
一九九三年四月　東北大学大学院情報科学研究科（博士課程）教授（社会構造変動論担当）
一九九八年三月　東北大学停年退職　名誉教授
一九九八年四月　岩手県立大学総合政策学部教授（社会学担当）
二〇〇二年四月　岩手県立大学大学院総合政策研究科教授（社会学担当）
二〇〇五年三月　岩手県立大学停年退職　名誉教授

主要著書

『稲作農業の展開と村落構造』（菅野正・田原音和と共著）御茶の水書房、一九七五年
『マルクス社会理論の研究―視座と方法―』東京大学出版会、一九七九年
『東北農民の思想と行動―庄内農村の研究―』（菅野正・田原音和と共著）御茶の水書房、一九八四年
『農民生活における個と集団』（小林一穂・秋葉節夫・中島信博・伊藤勇と共著）御茶の水書房、一九九三年
『沸騰する中国農村』（菅野正・中島信博・小林一穂・藤山嘉夫・不破和彦・牛鳳瑞と共著）御茶の水書房、一九九七年
『現代と日本農村社会学』東北大学出版会、一九九八年
『再訪・沸騰する中国農村』（吉野英岐・佐藤利明・劉文静・小林一穂・孫世芳・穆興増・劉増玉と共著）御茶の水書房、二〇〇五年
『家と村の社会学―東北水稲作地方の事例研究―』御茶の水書房、二〇一二年
『庄内稲作の歴史社会学―手記と語りの記録―』御茶の水書房、二〇一六年
『小作農民の歴史社会学―「太一日記」に見る暮らしと時代―』、御茶の水書房、二〇一九年
『日本の農村―農村社会学に見る東西南北―』筑摩新書、二〇二一年
『東アジアの農村―農村社会学に見る東北と東南―』筑摩選書、二〇二二年

新明正道の社会学
—東北大学文学部社会学研究室の出立—

二〇二三年七月一〇日　第一版第一刷発行

◎検印省略

著　者　細　谷　　昂

発行所　株式会社　学　文　社

〒一五三-〇〇六四　東京都目黒区下目黒三-六-一
電　話　〇三(三七一五)一五〇一(代)
ＦＡＸ　〇三(三七一五)二〇一二
https://www.gakubunsha.com

発行者　田中　千津子

乱丁・落丁の場合は本社でお取替えします。
定価はカバーに表示。

印刷所　新灯印刷株式会社

ISBN978-4-7620-3246-2